LE CALENDRIER

de l'Ère Révolutionnaire et Sociale

Ouvrages d'Albert Regnard

🙟🙟🙟

Essais d'Histoire et de Critique scientifiques, 1 volume in-18. Paris, 1865.

Nouvelles Recherches sur la Congestion cérébrale, in-8. Paris, 1868.

Histoire de l'Angleterre contemporaine, 1 volume in-32. Alcan, 1882.

De la Mortalité dans les Hôpitaux de province et de la nécessité d'une réforme radicale de l'Assistance publique, brochure in-8. Paris, 1886.

Du Droit à l'assistance, ou dans quelle mesure l'assistance publique doit-elle être obligatoire, brochure in-8. Paris, 1889.

Les Principes de la Révolution et du Socialisme, brochure in-18. Londres, 1875.

La Révolution sociale, brochure in-18. Londres, 1876.

L'Athéisme, in-18. Londres, an 86-1878.

L'État, ses origines, sa nature et son but, 1 vol. in-8. Paris, an 93-1885.

Chaumette et la Commune de 93, brochure in-8. Paris, an 98-1889.

Aryens et Sémites, le bilan du Judaïsme et du Christianisme. Paris, Dentu. Tome I**, 1 vol. in-18, 1890. — Le tome II pour paraître prochainement.

Force et Matière, par le professeur L. Büchner, 15* édition allemande, entièrement refondue et augmentée de cinq nouveaux chapitres, traduite par A. Regnard. 1 vol. in-8, XLVI-540 pages. Paris, Reinwald, 1884.

LE CALENDRIER

DE

L'Ère Révolutionnaire et Sociale

AVEC LES NOMS DES

HÉROS DE L'HUMANITÉ

DISPOSÉS D'UNE FAÇON SYSTÉMATIQUE

suivi de la

Bibliothèque matérialiste et socialiste

PAR

A. REGNARD

PARIS

CHEZ L'AUTEUR, 35, RUE GAY-LUSSAC

—

1er VENDÉMIAIRE CI

A MON PÈRE, A MA MÈRE

EN L'HONNEUR
DE LA SOIXANTIÈME ANNÉE
DE LEUR MARIAGE

XLI-CI

De la nécessité d'adopter

le

Calendrier de l'Ère Révolutionnaire

et Sociale

DITE

Ère des Français ou de la République

Dans son *Instruction sur l'Ère de la République*, Romme proclamait en termes magnifiques la nécessité d'en finir avec l'ancien Calendrier : « L'ère vulgaire, s'é-criait-il, fut l'ère de la cruauté, du mensonge, de la per-fidie et de l'esclavage ; elle a fini avec la royauté, source de tous nos maux. La Révolution a retrempé l'âme des Français ; chaque jour elle les forme aux vertus républi-caines.

« Le Temps ouvre un nouveau livre à l'Histoire, et dans sa marche nouvelle, majestueuse et simple comme l'Éga-lité, il doit graver d'un burin neuf et pur les annales de la France régénérée (1). »

J'ajoute : non seulement de la France, mais, dans la mesure du possible, du monde civilisé tout entier.

(1) *Instruction sur l'Ère de la République et la division de l'année.* An II.

Eh quoi ! on se déclarerait ennemi acharné du Christianisme ; on reconnaîtrait que, sans parler des dix millions de victimes humaines sacrifiées sur les bûchers de l'Inquisition, ou massacrées dans les guerres religieuses, le Sémitisme chrétien, sorti des Juifs, a failli ruiner la civilisation et a justifié pendant quinze cents ans la suprême insulte de Tacite à ses adeptes, convaincus de haïr le genre humain, — *odio generis humani convicti ;* — et l'on s'obstinerait à dater de « l'imposture du Galiléen », « ab Incarnatione Domini nostri Jesu Christi », de Jésus-Christ, un Juif, un « fils de David » ?

Poser la question, c'est la résoudre. Quant à l'Ère nouvelle à adopter, il semble qu'il n'y aurait pas eu de contestation possible, si des esprits rétrogrades, d'une part, des gens mal éclairés, de l'autre, n'eussent soulevé des objections, d'ailleurs faciles à réfuter.

I

Les premiers — les rétrogrades et les sceptiques — se sont contentés de répéter les paroles du détestable Lanjuinais touchant le « Calendrier des assassins de la France (1) », représenté, entre autres choses, comme n'étant pas scientifique. De fait les susdits « assassins » s'appelaient, dans le cas présent, Romme, Monge, Lagrange, Lalande et Laplace, — les quatre derniers étant universellement reconnus comme les plus grands astronomes et mathématiciens de l'époque. Cette garantie scientifique semble suffisante.

Il est vrai que le nouveau Calendrier présentait un léger défaut, mais si facile à corriger ! Rien de plus instructif à

______

(1) « Opinion de Lanjuinais sur l'introduction du Calendrier des tyrans dans la Constitution républicaine. » Dans la collection du *British Museum* intitulée : *Bibliothèque historique de la Révolution*, vol. 1185, pièce 6.

cet égard que le passage suivant du rapport présenté par Regnaud de Saint-Jean d'Angély au Sénat, lorsque Napoléon résolut de le faire supprimer. « Le défaut le plus grave (du Calendrier républicain) est la règle présentée pour les sextiles (1), qu'on a fait dépendre du cours vrai et inégal du soleil. Il en résulte que, sans être astronome, on ne peut savoir précisément le nombre de jours qu'on doit donner à une année, et que tous les astronomes réunis seraient, en certaine circonstance, assez embarrassés pour déterminer quel jour telle année doit commencer ; ce qui a lieu quand l'équinoxe arrive tout près de minuit.

« Ce défaut pourrait toutefois se corriger. Il suffirait de supprimer l'article 3 de la loi qui a réglé le calendrier et d'ordonner qu'à commencer de l'an XVI, les sextiles se succédassent de quatre ans en quatre ans, les années sextiles séculaires de quatre cents ans en quatre cents ans (2). Cette correction, réclamée par les géomètres et les astronomes, avait été accueillie par Romme, l'un des principaux auteurs du Calendrier ; il en avait fait la matière d'un rapport et d'un projet de loi, imprimé et distribué le jour même de la mort de son auteur, et que cette raison seule a empêché d'être présenté à la Convention (3). »

Enfin Laplace, l'illustre auteur de la *Mécanique céleste*, n'insiste même pas sur ce défaut, « si facile à corriger », et ne trouve d'autre inconvénient au nouveau Calendrier que l'embarras qu'il produit dans nos relations extérieures (4).

(1) On appelait ainsi, logiquement, les années ayant un sixième jour complémentaire, correspondant à celles qu'on appelle mal à propos bissextiles dans le système grégorien.

(2) C'est ce qui a été fait dans le projet de loi qu'on trouvera plus loin.

(3) Projet de sénatus-consulte portant rétablissement du Calendrier grégorien, présenté au Sénat conservateur dans sa séance du 15 fructidor an XIII, par MM. Regnaud (de Saint-Jean d'Angély) et Mourrier.

(4) Rapport fait au Sénat dans sa séance du 22 fructidor an XIII, par le sénateur Laplace. (Ces deux pièces se trouvent à la Bibliothèque nationale sous la cote Le 49 28-37).

En voilà assez, je pense, pour contenter les plus diffi-
ciles en ce qui concerne le point de vue scientifique.

II

Une objection plus sérieuse, au moins en apparence,
est celle de certains Socialistes, qui ne sauraient accepter
comme point de départ d'une Ère nouvelle la Révolution
de 89-93, considérée par eux comme « bourgeoise »,
insuffisante et illusoire.

Or je reconnais, moi aussi, que la richesse est sociale
dans sa source et qu'elle doit l'être dans sa destination.
Je proclame, comme ces Socialistes-là et à la suite d'une
étude approfondie, cette indéniable vérité, à savoir : qu'à
un moment donné, le déplorable régime actuel d'Indivi-
dualisme, de concurrence anarchique et de Capitalisme
devra faire place au système communiste du capital col-
lectif, c'est-à-dire à un mode de formation des richesses
fondé sur la possession du sol et des moyens de production par la Communauté.

Sans doute la Révolution n'a point réalisé un pareil
idéal : franchement, elle ne le pouvait pas. Sans doute
aussi le phénomène de l'accumulation du capital, dans
les poches de ceux qui ne travaillent pas, a pris depuis le
commencement du siècle un développement inouï ; mais
cela tient à ce que la Révolution étant arrêtée dans sa
marche, la Monarchie n'a cessé d'opprimer et de moles-
ter le travailleur, loin de le protéger, tout en laissant
libre carrière à la Propriété, affranchie de toute entrave.

Ne traitez donc pas de « bourgeoise » cette Révolution
pour laquelle les plus purs patriotes, la Commune de
Paris tout entière et d'innombrables prolétaires ont
versé leur sang et qui, si elle n'a pas profité au Peuple,
était dans tous les cas inutile aux bourgeois, suffisamment affranchis avant elle. Reconnaissez qu'elle a vérita-

blement ouvert un nouveau livre à l'Histoire et qu'elle marque l'avènement de l'Ère qui verra se renouveler la face du monde. C'est un étranger, un Allemand qui me prête ses paroles pour le proclamer : «Alors, s'écrie Hegel, une constitution fut établie en harmonie avec la conception du droit, et sur ses assises durent reposer toutes les législations futures ; jamais, depuis que le soleil brille au firmament et que les planètes accomplissent leur inévitable révolution, jamais il n'avait été mieux constaté que la vie se concentre dans le cerveau, dans la pensée, et que l'homme construit la réalité d'après elle... Ce fut une glorieuse aurore ! Tous les êtres pensants prirent leur part de la fête ! Une émotion sublime s'empara de toutes les consciences, et l'enthousiasme fit vibrer le monde comme si l'on eût vu pour la première fois la réconciliation du ciel et de la terre (1). »

Ce qui fait, dans tous les cas, la grandeur de la Révolution, c'est qu'elle a résolu la question philosophique et religieuse, *base de toutes les autres* — quoi qu'en puissent penser les gens à courte vue, à idées systématiquement fausses. Elle se serait trouvée dévoyée sous ce rapport, d'après Quinet, faute d'avoir été précédée en cette matière par ses guides naturels, les écrivains du dix–huitième siècle.

Étrange assertion ! j'accorde que la Constituante s'y prit fort mal et que l'Assemblée législative n'aboutit à rien. Mais, ce qu'elles n'avaient pu faire, la Commune le réalisa ; véritable incarnation de Paris, elle sut retrouver ses « guides naturels », les Encyclopédistes, et, répudiant avec eux toute religion au sens bas et historique du mot, elle en inaugura une autre, fondée sur la vraie philosophie, la religion de l'Humanité et de la Raison. Laissez les imbéciles répéter que « c'était remplacer un culte par un autre », formule imaginée — pour le leur apprendre en

(1) Hegel, *Philosophie der Geschichte*, 4ᵉ part., sect. III, chap. III.

passant, — par Robespierre, qui s'en servit pour faire guillotiner la Commune au nom du « Bon Dieu »,

« La fête de la Raison, dit Gustave Tridon, reste comme une date lumineuse, un phare qui éclaire toute la Révolution et jette sa lueur dans l'avenir (1). »

Quatre-vingt-treize a ouvert à la pensée des horizons d'un tel infini qu'on n'en avait pas entrevu de semblables depuis la ruine de l'antique sagesse aryenne, — depuis l'inoculation du mal sémitique. Si le Socialisme n'a pu si vite être fondé, au moins est-il sorti du bouillonnement d'idées soulevées par le grand cataclysme ; Babeuf n'est possible qu'après le 10 août et le 21 janvier.

Enfin, et pour donner satisfaction aux plus endurcis, je leur rappellerai, me plaçant même à leur point de vue, que chez les plus grands peuples le temps ne se marquait point d'après l'apogée de leur puissance. Ni les Grecs ne comptaient à partir des guerres médiques, ni les Romains d'après la destruction de Carthage. Mais comme les premiers faisaient remonter leur Ère aux temps les plus obscurs de l'Hellade et les seconds à la fondation de Rome, je ne vois pas de raison qui puisse empêcher un Socialiste quelconque de prendre la Révolution pour point de départ de l'Ère de la Rénovation sociale (2).

III

S'il en restait une pourtant, s'il y avait un autre motif, il serait inavoué, inavouable à coup sûr parmi nous

---

(1) G. Tridon, *les Hébertistes*, 3ᵉ partie. Voy. aussi ma brochure sur *Chaumette et la Commune de 93*.

(2) La Commune de 71, en prenant la suite du gouvernement régulier, continua, comme cela se devait, le *Journal officiel de la République française* avec le système de dates ordinaire. Mais lorsque, dans la lutte dernière, elle reprit son caractère purement révolutionnaire, elle inscrivit, en tête de ce journal, les dates de la Révolution. Les derniers numéros sont datés des 2 et 3 prairial.

autres qui devons rester, en somme, internationaux, cosmopolites. Eh bien, cet argument possible, je le réduis encore à néant, en vertu de la première des innovations que j'introduis, non la moins importante. La Révolution s'est incarnée en France, cela est certain ; mais elle est née des travaux et des efforts de toutes les nations aryennes (la République occidentale des Positivistes), et particulièrement, — outre la Française, — de l'Anglaise, de l'Allemande, de l'Italienne. Comme la Renaissance et au même titre, c'est un événement *Welthistorisches*, universel, et pour ma part je ne l'appelle jamais, la trouvant ainsi plus grande, que LA RÉVOLUTION tout court.

Je suis donc pleinement justifié, non pas à titre d'expédient, d'ailleurs excusable, mais par la nature même des faits, en substituant au titre de « Calendrier de la République française » celui de « CALENDRIER DE L'ÈRE RÉVOLUTIONNAIRE ET SOCIALE ».

Quelques-uns regretteront peut-être, avec l'École positiviste, que la Convention n'ait pas cru devoir choisir l'année 1789 comme point de départ de l'Ère nouvelle. Cependant, s'il est juste de dire que la Révolution était en voie d'accomplissement depuis cette époque, le triomphe ne peut être considéré comme définitif qu'à partir de la chute de la Royauté et de la proclamation de la République. Je m'étonne qu'Auguste Comte n'ait pas été frappé de ce fait, si bien apprécié cependant par lui-même et par son digne successeur (1), quand il eut la malencontreuse idée de faire dater de 1789 l'Ère qu'il a le tort d'appeler « positiviste ».

---

(1) « C'est cette illusion inouïe (la conservation de la Royauté) qui donna à cette phase de la Révolution son caractère incomplet et préliminaire, malgré les résultats considérables qu'elle obtint, mais qui fussent devenus eux-mêmes incertains, sans l'effort définitif effectué dans la phase suivante par la Convention. » (*La Révolution*, par Pierre Laffitte, p. 23.)

Quelles que soient les préférences pour telle ou telle date, comment n'aperçut-il pas l'avantage immense résultant du fait accompli? Car c'est encore un point à rappeler aux récalcitrants : nous avons un passé, une tradition, *le Calendrier révolutionnaire ayant reçu la consécration de la légalité et de l'usage.* Aussi longtemps qu'il y aura une langue française, les dates du 13 vendémiaire, du 18 fructidor, les expressions « de thermidoriens » et autres vivront dans la mémoire des hommes. Les gouvernements les plus rétrogrades n'ont pas eu le pouvoir de les supprimer, pas plus que celui de faire disparaître du recueil de nos lois les noms des mois de l'année républicaine.

Il faut avouer, d'ailleurs, que Fabre d'Églantine eut une inspiration de génie le jour où il trouva les noms de ces mois. « Nous avons cherché, dit-il, à mettre à profit l'harmonie imitative de la langue dans la composition et la prosodie de ces mots et dans le mécanisme de leurs désinences ; de telle manière que les noms des mois qui composent l'automne ont un son grave et une mesure moyenne ; ceux de l'hiver un son lourd et une mesure longue ; ceux du printemps un son gai et une mesure brève, et ceux de l'été un son sonore et une mesure large (1). » Le fait est qu'il a réussi au delà de tout ce qu'on pouvait espérer, et je ne doute pas, pour ma part, que les mots si heureux de Germinal, Nivôse, Fructidor, etc., n'aient contribué, pour une large part, au succès du nouveau Calendrier. L'influence des mots en toutes choses est beaucoup plus considérable que les simples ne se l'imaginent. Si, par exemple, la Convention eût adopté les noms de mois proposés par Romme dans un premier projet — mois de la République, de l'Unité, du

____

(1) Rapport de Fabre d'Églantine, au nom du Comité d'instruction publique. An II.

Jeu de Paume (1), etc. — nul doute que le Calendrier n'eût sombré sous le ridicule (2).

IV

Mais il reste à introduire une dernière et indispensable modification. Le ridicule aurait tué encore le nouveau Calendrier, si l'on avait dû, dans l'usage journalier, inscrire en regard des 25 et 26 ventôse, par exemple, « chou » et « pissenlit », ou « poireau », « chou-fleur » et autres noms de légumes ou d'instruments aratoires, choisis pour remplacer les noms des saints.

Sans doute c'était une louable idée que celle en vertu de laquelle on voulait ainsi rendre hommage à la nature et aux produits agricoles. Mais c'était enfantin, insuffisant, et surtout, je le répète, ridicule dans l'espèce. Il y a, d'ailleurs, un produit de notre mère commune — Παμμήτωρ γῆ — qui nous intéresse davantage : c'est l'homme; il y a des bienfaits plus grands que ceux qui se trouvent ainsi mentionnés : ce sont les services

(1) Nomenclature du Calendrier républicain, présentée à la Convention nationale le 20 septembre 1793, par G. Romme, au nom du Comité d'instruction publique, dans son « Rapport sur l'Ère de la République ». *Bibliothèque histor. de la Révolution*, vol. 1085, n° 12. Les noms des jours étaient : du niveau, du bonnet, de la cocarde, du compas, etc. On ne se voit pas bien datant une lettre du « 3 Jeu de Paume, jour du compas ».

(2) Je ne considère pas comme sérieuse l'objection — toujours du Lanjuinais déjà nommé — d'après laquelle les noms des mois sont « vérité dans le Nord, perpétuel mensonge dans le Midi ». Il est vrai qu'ils ne correspondent pas à la température et aux saisons pour le Chili, le cap de Bonne-Espérance et l'île de Madagascar. Mais il nous suffit que l'accord soit réel pour l'immense majorité des nations civilisées. Au surplus, dans la suite des siècles et lorsque ce Calendrier sera devenu celui de la République universelle du genre humain, il sera toujours temps de substituer aux noms actuels, si on le désire, les noms des douze héros primaires. En attendant — et on attendra longtemps, hélas! — contentons-nous d'une nomenclature si simple, si harmonieuse et si propre à faciliter l'usage du Calendrier nouveau, applicable de plus, je le répète, aux quatre cinquièmes du monde civilisé.

rendus par les ancêtres, dont la chaîne continue représente dans son ensemble cette humanité souffrante, militante et parfois triomphante qui nous a faits ce que nous sommes.

C'est pourquoi les noms de ces prédécesseurs glorieux doivent remplacer, dans le Calendrier de l'Ère nouvelle, ceux des produits de la terre et des instruments aratoires. L'antiquité aryenne — qui a tout compris ! — avait su se placer au vrai point de vue en rendant aux « Héros », c'est-à-dire aux grands hommes, les honneurs suprêmes, et même en les déifiant : apothéoses pleinement justifiées dans certains cas et nullement dangereuses (1). Les seuls Chrétiens, sous l'impulsion juive, tournèrent en ridicule les grands Aryens antérieurs et y substituèrent leurs Polycarpes et autres saints Crépins. La Révolution, sur ce point encore, rentra dans les vrais principes en revenant à l'Antiquité. Si elle eut le tort de ne pas inscrire dans son Calendrier les noms des grands hommes, c'est elle, du moins, qui de nouveau leur consacra un temple, leur restitua un Panthéon au nom de la Patrie reconnaissante.

Et avec pleine raison, comme chacun peut le comprendre facilement. Nous ne sommes plus au temps où l'admirable livre de Carlyle sur les « Héros » fut si mal apprécié, conspué même par certains démocrates bour-

---

(1) Se rappeler l'apothéose de Marat. Le danger, d'ailleurs, n'est pas dans le fait des hommes transformés en dieux; chacun sait à quoi s'en tenir, au fond, et c'est seulement flatteur pour l'espèce. Il en va tout autrement quand c'est un dieu qui se fait homme; nous sommes alors en plein dans le surnaturel et il n'y a pas de limites à l'absurdité des conceptions.

Léonidas avait un autel à Sparte, Miltiade en avait un en Thrace. Bien mieux, Démocrite, le premier des grands matérialistes, eut un temple à Abdère, et les habitants de Stagire eurent la glorieuse idée d'en élever un à Aristote. Enfin, le peuple romain consacra les lieux où avaient péri les Gracques, ces vrais socialistes; « un grand nombre même, dit Plutarque, y faisaient tous les jours des sacrifices et s'y acquittaient de leurs devoirs religieux comme dans les temples ».

geois qui voulurent confondre la théorie des grands hommes avec celle des individus « providentiels », des sauveurs envoyés par la Divinité au secours des peuples en détresse, et qui apparaissent toujours quand les circonstances les réclament. « Hélas ! s'écrie Carlyle, combien de fois avons-nous vu les « circonstances » réclamer leur grand homme et ne pas le trouver. Il manquait à l'appel : la Providence ne l'avait pas envoyé, et les « circonstances », tout en l'invoquant à grands cris, devaient s'abîmer dans la ruine et la confusion, parce qu'il ne venait pas quand on l'appelait (1) ». Parole profonde et trop prophétique, dont plus d'une nation a pu constater, en ce siècle même, la réalité navrante.

La vérité est que les hommes de génie, que les grands citoyens font, pour une bonne part, la force et la vitalité des peuples, qui, sans eux, s'étiolent et périssent, ou succombent d'emblée sous les coups de voisins plus favorisés. Certainement, ils sont aussi une résultante et, à cet égard, malheur aux nations qui n'en produisent plus ! Malheur aussi aux principes qui ne trouvent pas pour les faire triompher, cet élément indispensable de la Force : des hommes ! j'entends des individualités de cœur et de grand talent, à défaut de génie, et capables d'entraîner les masses presque toujours indécises, parce qu'elles sont trop souvent trompées, abusées par des médiocrités ambitieuses. Et le Peuple lui-même sent si bien, avec son admirable instinct, la nécessité des hommes, qu'on le voit parfois, en désespoir de cause, se précipiter dans les bras du premier venu, qu'il pare de toutes les qualités du héros — vain fantôme que le premier souffle dissipe, héros tout subjectif, prompt à s'en retourner au pays des chimères, d'où l'imagination de la foule l'avait tiré.

Ces idées, je le répète, étaient monnaie courante au temps de la Révolution, et le modèle d'un Calendrier des

______

(1) Carlyle, *On Heroes*, lecture 1. 1840.

grands hommes se retrouve à son aurore même. Dès
1788, Sylvain Maréchal, « un autre ennemi personnel de
Dieu et des rois », suivant l'expression caractéristique de
Danton (1), publiait son *Almanach des honnêtes gens*, daté
de « l'an premier du règne de la Raison ». Les noms des
hommes illustres de tous les temps se trouvaient substi-
tués à ceux des saints. L'auteur, en annonçant son intention de réunir tous les habitants de la terre par un lien
commun de fraternité, donnait ce premier essai « comme
le germe informe d'un ouvrage plus important, comme le
portique ébauché d'un édifice de paix, où les hommes se
trouveront un jour plus à l'aise que partout ailleurs ».
Le 7 janvier 1788, un arrêt du Parlement condamna ledit
Almanach des honnêtes gens à être lacéré et brûlé. « Non
seulement, était-il dit, les mystères de notre sainte religion sont, pour ainsi dire, écartés comme les fruits de
l'ignorance et de la crédulité, mais l'auteur propose de
substituer à nos fêtes solennelles celle de l'Amour pro-
fane, celle de l'Hyménée, celles de la Reconnaissance et
de l'Amitié qu'il érige en divinités païennes pour nous
replonger dans l'aveuglement de l'idolâtrie. »

L'ancien régime avait très bien saisi la portée de ces
innovations ; nous devons donc nous y attacher d'autant
plus. Et non seulement l'on rend ainsi hommage aux prédécesseurs les plus dignes, mais on tend à leur susciter
des émules. Si, en effet, comme je le crois d'après les
données de la Philosophie scientifique ou matérialiste,
l'institution des récompenses, dans un État bien ordonné,
n'est pas moins indispensable que celle des châtiments,
je n'en vois pas de plus haute, de plus désirable pour
les hommes d'élite, que cette espérance d'une consécration perpétuelle de leur mémoire. Libre à Bossuet, dans
une péroraison aussi splendide quant à la forme que ridicule dans le fond, de déplorer cette « triste immortalité »

____

(1) Dr Robinet, *Les Eleuthéromanes de Diderot*, p. 66. 1884.

que nous donnons aux héros. L'immortalité réelle, et partant, la seule désirable, est précisément celle qui perpétue un nom d'âge en âge, dans le souvenir des générations successives. Il n'est pas vrai que la mort nivelle tout ; le génie d'un Shakespeare et celui d'un Blanqui planent au-dessus de leur tombe,—symbole éternel de la grandeur poétique et du dévouement à la cause populaire. Le premier devoir d'une Démocratie est d'inscrire dans ses fastes les noms des plus illustres de ses enfants, honorés préalablement par de dignes funérailles.

Inutile de s'arrêter aux criailleries des « purs », qui ne veulent ni statues, ni fleurs, ni drapeaux, ni pompes civiles d'aucune sorte ; Rodins démocratiques, stoïciens ou mieux « tolstoïciens » fin de siècle, qui affectent de se contenter du « radis noir » de leur conscience. Il faut renvoyer à leur colonne ces échappés de la Thébaïde, ces modernes « stylites », légumistes et autres Bouddhistes qui « ne croient pas aux hommes », mais seulement « aux principes » — et s'en vont, le cas échéant, lécher les bottes du premier venu. A tous les degrés de l'échelle des partis, on retrouve le « Tartuffe de la politique ».

V

Le rétablissement du Calendrier de l'Ère révolutionnaire ou moderne devra être accompagné de l'institution de fêtes civiques, institution dont la nécessité avait été si bien comprise par la première Commune de Paris. Chaque décadi, dans les temples de l'Humanité, de la Raison, de l'Amour, de la Victoire, on ira entendre l'éloge du héros correspondant, et, à cette occasion, une leçon appropriée sur la raison, la poésie, le travail, etc., suivant les mois. Un magistrat municipal, revêtu de ses insignes, présidera la cérémonie. A Paris, le Conservatoire et l'Opéra, dans les villes, les différentes sociétés artistiques prêteront leur concours. On rétablira dans les municipalités l'autel de la Patrie ; on instituera ceux de l'Humanité, de la Raison, etc., et les cérémonies civiles seront célébrées avec toute la pompe nécessaire et qui leur fait si complètement défaut aujourd'hui.

Il y aura en outre de grandes fêtes, des « fêtes majeures» selon l'expression de Lequinio, qui seront célébrées pour la commémoration des grandes journées ; je donnerai plus loin quelques indications à cet égard, le soin de déterminer ces fêtes appartenant à l'Assemblée qui sera saisie du projet. Dans ces cérémonies solennelles, l'Assemblée des Représentants du peuple, la Commune et les autres corps constitués devront figurer d'une façon active. Autrement, on a bien des bals, feux d'artifice et autres divertissements qui constituent l'un des éléments naturels de ces fêtes publiques ; on n'a pas l'élément politique et social, le plus indispensable de tous.

Ajoutez que dans la belle ordonnance de ces cérémonies, sous la direction du chef des beaux-arts, l'élément esthétique trouvera la place qui lui est due, et cela pour le plus grand avantage et la plus grande jouissance de tous les citoyens. La Philosophie scientifique ou matérialiste sait apprécier, mieux qu'aucune autre, la haute importance de l'Art dans la vie de l'Humanité. Elle seule est en mesure de poser les bases scientifiques réelles de l'Esthétique et de porter à son actif, comme je l'ai montré ailleurs, les Phidias, les Lucrèce, les Molière et les Shakespeare.

C'est ainsi que l'État, tout en perfectionnant l'instruction des citoyens et en multipliant leurs jouissances, pourra exercer sur l'instruction publique l'influence la plus salutaire ; c'est ainsi que nous arriverons à établir d'une façon définitive en la fondant uniquement sur la philosophie, qui donne l'explication du système du monde, et sur les arts, qui satisfont au besoin d'idéal inhérent à notre nature, cette religion civique, sans

Dieu, sans prêtre et sans autre vie, destinée à remplacer le Christianisme expirant et à nous préserver du Judaïsme renaissant. Notez d'ailleurs qu'il ne s'agit nullement d'utopie, que ce Calendrier a déjà été mis en usage, que les fêtes nationales et les décadis ont été acceptés et célébrés par l'immense majorité des Français ; qu'en un mot, il suffit de remettre en vigueur, avec quelques perfectionnements de détails, des lois parfaitement observées pendant près de quinze années — *grande mortalis ævi spatium.*

Que si le législateur allègue la possibilité d'une certaine agitation, représentée comme inséparable de la promulgation d'une pareille mesure, on lui répondra par les paroles de Bigonnet à la Convention, dans la séance du 1er thermidor an VI :

« Qui n'est pas convaincu, au contraire, que c'est cette marche craintive et incertaine qui entretient la division dans la société et en prolonge les angoisses ? Lorsque vous pouvez déterminer l'opinion sur un point qui doit influer puissamment sur les destinées de la République et que vous balancez, l'ennemi qui vous observe en tire la conséquence que vous ne le voulez ou que vous ne l'osez pas... Le législateur républicain peut avoir pour l'erreur ou la faiblesse une indulgence réfléchie, mais il ne transige pas lorsqu'il lutte contre une perfidie avérée, dont les effets peuvent être funestes à la liberté publique. »

Appendice

I

MODÈLE D'UN PROJET DE LOI
POUR L'ÉTABLISSEMENT DE L'ÈRE RÉVOLUTIONNAIRE
ET SOCIALE (1)

L'Assemblée nationale,

Considérant que les hommes libres, émancipés du joug de la superstition et de l'obscurantisme, ne peuvent continuer à mesurer le temps d'après l'ère chrétienne ou vulgaire, dite « de l'Incarnation de Jésus-Christ »;

Considérant que cette ère, importée de Judée avec la religion qui nous a été inoculée par la race sémitique, a été, trop souvent, l'ère de la cruauté, du fanatisme et du mensonge;

Considérant que si la Révolution — préparée par la Renaissance — n'a pu porter tous ses fruits, elle a cependant marqué le début d'une ère nouvelle, dans le cours de laquelle s'accomplira certainement la régénération sociale ;

Considérant que l'ère dite « républicaine ou des Français » — qu'il convient de désigner désormais pour lui donner un caractère universel sous le titre de « ère révolutionnaire et

(1) Le projet, naturellement, est rédigé en vue de la République française. Mais il pourra être utilisé facilement, à l'aide de quelques modifications de détail, pour un pays quelconque.

sociale » — a déjà reçu la consécration de la légalité et de l'usage ;

Considérant que le Calendrier dit républicain présente toutes les garanties scientifiques possibles ; qu'il est très facile d'ailleurs de remédier à la légère imperfection résultant de la règle prescrite pour les sextiles, qu'on avait fait dépendre du cours vrai du soleil au lieu de les placer à des intervalles réguliers, déterminés d'avance :

DÉCRÈTE :

Article premier. — Le décret du 15 fructidor an XIII, rétablissant le Calendrier grégorien, est rapporté.

Art. 2. — Le décret de la Convention nationale, en date des 14 vendémiaire et 9 brumaire an II, est remis en vigueur, sauf en ce qui concerne les modifications apportées par les différents articles de la présente loi.

Art. 3. — Le titre de « ère des Français » ou « de la République » est remplacé par celui de « ère révolutionnaire et sociale ».

Art. 4. — Les cinq derniers jours de l'année s'appellent jours complémentaires.

Art. 5. — Afin de maintenir la coïncidence de l'année civile avec les mouvements célestes, l'année ordinaire reçoit tous les quatre ans, à partir de l'an centième, un sixième jour complémentaire (sextilis) ; elle est appelée *sextile*.

La période de quatre ans au bout de laquelle a lieu cette addition est appelée « Olympiade (1) ».

Art. 6. — Il n'est apporté aucune modification à la division actuelle du jour.

Art. 7. — Les décadis et les quintidis sont jours fériés. Des fêtes civiques sont célébrées chaque décadi (2).

(1) Nom donné dans le premier projet de Romme à ce qu'il appela plus tard la Franciade. Ce calendrier devant tendre à devenir universel, il vaut mieux emprunter le terme consacré par les fastes de la Grèce, cette gloire éternelle de la race aryenne.

(2) Voy. p. 25.

II

DES AVANTAGES PRATIQUES DU NOUVEAU CALENDRIER

Beaucoup de personnes, convaincues de l'utilité du Calendrier dit républicain, au point de vue intellectuel et moral, regrettent de l'envisager pourtant comme une véritable utopie; d'aucuns même considèrent le Calendrier grégorien comme plus « scientifique » et plus pratique.

Je ne puis mieux faire tout d'abord que de leur mettre sous les yeux le passage suivant du rapport de Regnaud de Saint-Jean d'Angély, rapport présenté au Sénat pour le rétablissement, par ordre de Napoléon, du Calendrier grégorien.

(P. 7 et 9). « Les avantages qui restent encore au Calendrier français ne seraient pourtant pas à dédaigner. La longueur uniforme des mois, composés constamment de trente jours; les saisons qui commencent avec le mois, et ces terminaisons symétriques qui font apercevoir à quelle saison chaque mois appartient, sont des idées simples et commodes qui assure-raient au Calendrier français une préférence incontestable sur le Calendrier romain si on les proposait aujourd'hui tous les deux pour la première fois — ou, pour mieux dire — personne aujourd'hui n'oserait proposer le Calendrier romain s'il était nouveau.

« Dans le Calendrier français, on voit une division sage et régulière fondée sur la connaissance exacte de l'année et du cours du soleil, tandis que dans le calendrier romain on voit, sans aucun ordre, des mois de vingt-huit, vingt-neuf, trente et trente-un jours; des mois qui se partagent entre des saisons différentes; enfin, le commencement de l'année y est fixé non pas à un équinoxe ou à un solstice, mais neuf ou dix jours après le solstice d'hiver.

« Dans ces institutions bizarres, on trouve l'empreinte des superstitions et des erreurs qui ont successivement entravé ou même dirigé les réformateurs successifs du Calendrier... C'est parce que le concile de Nicée, où l'on ignorait la vraie longueur de l'année et l'anticipation des équinoxes dans le Calendrier julien, avait établi pour la célébration de la Pâque une règle devenue impraticable par le laps du temps, et c'est par l'importance que Grégoire XIII mit à assurer à jamais l'exécution du canon relatif à la fête de Pâques qu'il entreprit sa réformation. »

Il résulte de cette lecture, autant que de celle du rapport de Laplace, que tous les gens sérieux regrettaient la disparition du Calendrier de Romme, le rétablissement de celui de Grégoire XIII n'ayant pour but que de faciliter celui du culte.

A un autre point de vue, il importe de ne pas s'exagérer l'universalité, ni surtout la durée de l'ancien Calendrier. Je ne veux pas traiter la question ici, mais donner seulement quelques indications.

Au moyen âge, on comptait surtout par calendes, nones et ides, on employait en un mot le Calendrier julien, substituant peu à peu les fêtes chrétiennes et les saints aux fêtes païennes. L'ère chrétienne n'était que très rarement employée aux dixième et onzième siècles, puisque sur plus de dix-sept cents chartes, on n'en a trouvé que quarante datées « anno Incarnationis dominicæ (1) ». L'auteur de l'article auquel j'emprunte ces renseignements a trouvé deux cas dans lesquels on compte par olympiades.

Quant au commencement de l'année, il coïncidait chez nous avec le solstice d'hiver sous la deuxième race, avec la fête de Pâques sous la troisième. C'est Charles IX qui le fixa au 1er janvier par une ordonnance de 1563, ordonnance que le Parlement ne voulut enregistrer qu'en 1567.

En Angleterre, l'année commençait à l'équinoxe de printemps. C'est pour cela que l'exécution de Charles Ier qui eut lieu le 29 janvier, est donnée tantôt avec la date de 1648, tantôt avec celle de 1649, selon que l'on compte d'après l'ancienne mode ou d'après la nouvelle.

Enfin, encore aujourd'hui la Russie, qui n'a pas voulu se soumettre à l'ordonnance d'un Pape, emploie le Calendrier julien et se trouve, par conséquent, en retard de douze jours sur les autres nations civilisées, et, de fait, sur le cours vrai du temps.

Une dernière considération — et non la moins importante — au point de vue pratique. On a dit que la division de la semaine était plus commode, en ce sens que neuf jours de tra-

(1) Voy. Bibliothèque de l'École des Chartes, t. XLI, 1880.

vail continu, d'un décadi à l'autre, c'était trop. En quoi l'on a raison. Aussi, dans le projet de loi que je propose, les quintidis sont-ils déclarés fériés. Les ateliers devront fermer non seulement les décadis, véritables jours de fête, mais encore les quintidis, durant lesquels l'ouvrier pourra se reposer de son travail manuel, compléter son instruction, s'occuper de celle de ses enfants et des personnes de son entourage immédiat. Les économistes et autres rentiers ne manqueront pas d'objecter que tout sera perdu, qu'on ne pourra pas lutter contre la concurrence étrangère, etc. Je me contenterai de faire remarquer qu'en Angleterre l'ouvrier ne travaille que cinquante-quatre heures par semaine, ayant à sa disposition, non seulement la journée du dimanche, mais encore la demi-journée du samedi (à partir d'une heure). De sorte que ses quatre dimanches avec ses quatre demi-samedis lui constituent précisément la valeur de six jours de repos par mois, comme on le propose ici.

CALENDRIER

DE

L'ÈRE RÉVOLUTIONNAIRE ET SOCIALE

Observations générales

Ṯ Ṯ Ṯ Ṯ Ṯ

L'arrangement systématique des noms des Héros de l'Humanité, dans le présent Calendrier, est le fruit d'une longue et difficile élaboration. J'ai mis à profit, comme cela se devait, les travaux de mes prédécesseurs ; mais, à part l'étude capitale d'Auguste Comte, ils m'ont été d'un secours insignifiant. Tous se contentent, à l'exemple de Sylvain Maréchal, de placer les noms en regard des jours sans autre préoccupation, le plus souvent, que de faire coïncider la date du mois avec celle de la mort ou de la naissance du grand homme, d'où résulte un amalgame peu intéressant.

On trouve pourtant dans un projet de Calendrier daté d'Angers, l'an II de la République, une tentative de systématisation. Ainsi janvier, « mois des Frimas », renfermera les législateurs, les hommes d'État ; mars, « mois de la Liberté », les tyrannicides ; avril, « mois des Fleurs », « sera embelli par la galerie des femmes illustres, telles que Zénobie »; juillet, « mois de la Révolution », comprendra les hommes de mer (?), etc. (1). Il

(1) *Calendrier du Peuple franc*, pour servir à l'instruction publique, rédigé par une société de philanthropes, pour l'an II de la République française, 1793, à Angers.

y a d'autres détails plus baroques ; mais l'idée était trouvée ; seulement elle était si gauchement exprimée qu'elle fut enterrée du même coup.

Auguste Comte la reprit et sut, grâce à son génie et à l'universalité de ses connaissances, lui donner son plein développement. Il eut le tort de ne pas accepter l'Ère dite républicaine et de faire, comme on l'a vu, commencer la sienne en 1789. Il la composa de treize mois lunaires et donna à chacun d'eux le nom d'un grand homme ; d'ailleurs, dans le Calendrier julien, on trouve déjà les noms de Jules (juillet), d'Auguste (août), etc.

C'est une modification qui n'a rien que d'excellent en soi et que j'aurais acceptée si nous n'avions pas les noms de Fabre d'Églantine, consacrés, je le répète, par la légalité et par l'usage. J'ai d'ailleurs mis chaque mois sous l'invocation spéciale d'un héros qui pourra, dans la suite, ou immédiatement dans des pays de langue non française, en devenir l'éponyme. J'ai donc dû déterminer douze héros principaux qui seront célébrés le 1er décadi de chacun des mois auxquels ils président. Chacun de ces héros caractérise une section spéciale : Aristote, la philosophie ; Shakespeare, le drame, etc. Cinq noms sont communs, à ce titre, à mon Calendrier et à celui d'Auguste Comte : Aristote, Archimède, Charlemagne, Gutenberg et Shakespeare.

Après les douze chefs de mois, viennent, pour les vingt-quatre décades restantes, vingt-quatre noms choisis ensuite parmi les plus grands, puis trente-six noms encore prédominants pour les trente-six quintidis. On n'a pas la prétention d'avoir déterminé d'une façon absolue et à tout jamais cette hiérarchie nécessaire ; on croit pourtant qu'il ne devra pas y être apporté de sérieuses modifications.

Le présent Calendrier diffère surtout de celui des Positivistes en deux points : d'abord, on n'a pas cru devoir établir, pour les anciens et les modernes, une dichotomie qui ne correspond pas à la réalité des choses. La science d'Archimède et celle de Lagrange est une, — comme le drame d'Eschyle et d'Euripide ne fait qu'un avec celui de Shakespeare.

Une fois la civilisation développée, LA DIFFÉRENCE EST DANS LES RACES, NON DANS LE TEMPS.

A part trois ou quatre exceptions, tous les héros de mon Calendrier appartiennent à la race maîtresse, à laquelle on doit la science, « qui possède seule la notion de la justice, le sentiment de la liberté, la conception du beau » ; je veux dire la race aryenne. D'ailleurs, la soi-disant « République occidentale », considérée par les Positivistes comme l'élite des nations, est exclusivement composée d'Aryens.

Une autre différence essentielle entre le présent Calendrier et celui d'Auguste Comte consiste dans l'exclusion des Sémites et des sémitisés (ou chrétiens) comme tels. Le triomphe du Christianisme fut le signal de la ruine de l'Empire romain et, pour un temps, — douze siècles au moins ! — de celle de la civilisation. Or le Christianisme, comme l'Islamisme, est le produit direct et incontestable du Judaïsme. En vain M. Comte supprime-t-il le nom du Juif palestinien Jésus pour exalter celui du Juif helléniste saint Paul, assurément le véritable initiateur ; il n'en est pas moins vrai qu'avec l'esprit monothéiste, sémitique, juif, l'esprit d'intolérance et d'inquisition fit son entrée dans le monde. Sans doute le Catholicisme a eu sa grandeur, mais tout empruntée à celle de la Rome païenne, dont il a su s'approprier le prestige avec la majesté ; et il n'en reste pas moins acquis que le Pentateuque, comme le proclame M. Renan lui-même, a été le premier code de la terreur religieuse ; le manuel des inquisiteurs est calqué sur le Deutéronome.

L'erreur capitale des Comtistes a été de se méprendre absolument sur la portée de la doctrine de l'Évolution et de considérer le progrès comme fatal et constant. Il n'est ni l'un ni l'autre, mais procède par bonds, — comme le lion du désert, pour employer la belle expression de Gustave Tridon. Le mal sémitique, qui nous a été inoculé sous la forme et les apparences du Christianisme, a fait reculer le monde aryen jusqu'au seuil de la barbarie. C'est pourquoi il n'y a de place, dans ce répertoire des bienfaiteurs de l'Humanité, que pour les Sémites qui, comme Spinoza, ont répudié leur race avec leur religion.

Cette exclusion n'est nullement en opposition, d'ailleurs, avec la doctrine de la Fraternité, — un mot un peu bien emphatique et dont on abuse, pour désigner ce sentiment d'amour, de bienveillance universelle, base indispensable de toute société. Avec cette générosité caractéristique de la seule race aryenne, nous ouvrons les bras au genre humain tout entier, contents de nous défendre à outrance contre ses éternels exploiteurs, dont la race juive représente incontestablement le type le plus incontestable et le plus achevé.

Que si les Positivistes nous reprochent de n'avoir pas une conception suffisamment philosophique des choses et de ne pas savoir tout accepter, nous leur demanderons pourquoi il n'y a pas de place, dans leur Calendrier, pour les Luther et les Calvin. Nous trouvons qu'ils ont raison en cela; mais eux non plus n'admettent donc pas tout le passé, puisque enfin ils excluent les protestants par le même motif qui nous fait rejeter aussi les catholiques. Je ne veux pas insister, d'autre part, sur les mauvaises raisons en vertu desquelles ils ont cru devoir supprimer tous les hommes de la Révolution, Danton même aussi bien que Chaumette.

Les amateurs des « Leçons de choses » s'étonneront sans doute de ne pas voir figurer dans ce Calendrier certains noms qui leur sont chers, tels que celui de Parmentier, « l'inventeur » de la pomme de terre. Ce triste « légume », considéré comme très nourrissant, et d'autant

plus funeste, a causé et cause encore la mort de milliers
et de milliers d'êtres humains, qui se fient à ses propriétés nutritives en partie illusoires; ce qui n'empêche
pas tous les élèves de toutes les écoles primaires de
France, interrogés sur la question de savoir « quel est
l'homme qui a rendu le plus de service à l'Humanité ? »
de s'écrier en chœur : « C'est Parmentier ! » De même
que si on leur demande quel est le personnage qui a été
le plus utile à la France, tous se lèvent en braillant
« C'est Jeanne d'Arc ! » Heureux encore s'ils ne vous
répondent pas : « C'est le czar ! » Espérons que l'instruction obligatoire n'a pas dit son dernier mot ; ce serait
trop dur pour ceux qui, avec moi, l'ont tant prêchée sous
l'Empire. Ce n'est rien de savoir lire si vous ne lisez que
des bêtises : voilà encore une vérité décidément démontrée par l'expérience.

Enfin, il n'y a pas de place non plus dans un tableau
des serviteurs de l'Humanité pour les inventeurs de religions. J'entends bien que celles-ci font partie intégrante
de l'évolution de l'esprit humain, mais elles sont la création spontanée des races dans leur enfance. Quand les
individus s'en mêlent, c'est, d'ailleurs, pour tout empirer,
comme un Zoroastre pour les Aryas de l'Iran, les Brah-
manes pour ceux de l'Hindoustan, etc. Je ne fais pas d'ex-
ception pour le « Bouddha », ou le solitaire de la tribu
des Çakyas, — Çakyamouni — ou Gautama, etc., qui,
avec sa religion soi-disant sans Dieu, n'en a pas moins
doté le monde d'un nouveau genre de superstition idiote,
dont le « grand Lama » est la suprême et très logique
manifestation. On ne l'a pas assez remarqué ; mais cette
variété de sentimentalisme en vertu duquel certaines
gens tombent en pâmoison à l'aspect d'une grenouille
qu'on écrase et qui affichent une noble indifférence en
voyant décapiter un homme, cette variété d'immorale
bêtise est un produit bouddhiste. Encore le fidèle qui
gémit en marchant sur un scorpion a-t-il une excuse, puis-

qu'il peut craindre d'avoir écrasé sa belle-mère ou quelque autre parent décédé ; cette excuse est même la véritable explication du fait. Laissons donc de côté toutes ces misères et cette religion qui n'est bonne, en définitive, que pour des Chinois.

Si j'ai omis à dessein Parmentier et Bouddha, il reste au contraire plusieurs hommes illustres que j'aurais introduits volontiers si la place n'avait fait défaut. Peut-être aurais-je pu, comme dans le Calendrier positiviste, introduire des « adjoints » que l'on célèbre dans les années sextiles. Le choix, ici, est très délicat à faire. Il se peut que j'aie laissé de côté des noms très dignes, mais à coup sûr, et après y avoir beaucoup réfléchi, je ne vois pas un seul nom que je voulusse enlever pour le remplacer par un autre. Or c'est là l'essentiel. Les précepteurs du Peuple qui voudront bien prendre ce Calendrier pour base et faire des leçons sur tel ou tel mois, sur telle ou telle section, mentionneront naturellement à la suite des héros cités ici, les hommes illustres qui suivent immédiatement les chefs de file. En tout cas, ils trouveront dans le Calendrier même une base suffisante d'opération.

Jusqu'au moment où le précédent projet de loi sera voté, c'est-à-dire jusqu'à la suppression de l'ancien Calendrier, il vaut mieux se guider d'après lui et suivre les anciens errements, c'est-à-dire faire coïncider le 1er vendémiaire non pas toujours avec le 22 septembre, mais avec le jour de l'équinoxe d'automne (1).

(1) Voy. p. 23. Le plus simple est de prendre un almanach ordinaire et de coller sur les noms des saints des bandes de papier blanc, sur lesquelles on copie les noms et les dates de notre Calen-

Je n'ai indiqué que les fêtes à célébrer dans les années ordinaires, soit :

Le 1er vendémiaire : la fête de la Fondation de la République.

Le 20 brumaire : la fête de la Raison.

Le 28 ventôse : l'anniversaire du 18 Mars.

Le 26 messidor : l'anniversaire du 14 Juillet.

De plus, on célébrera :

Le 11 brumaire : les « Parentalia » ou la Commémoration des Morts.

La population parisienne surtout, toujours si empressée à visiter le 1er novembre les tombes de ses morts, continuera de remplir ce devoir, qui est en même temps une consolation. C'est ici une des applications de cette vraie piété qui est précisément le propre de la philosophie sans Dieu, par cela même essentiellement humaine. Ce n'est pas du tout la religion au sens actuel du mot qui nous entraîne, au moins une fois l'an, sur les tombeaux : c'est un sentiment tout humain, tout païen et que nous tenons principalement de nos ancêtres de Rome : cela est si vrai que le culte des morts n'existe pas, à proprement parler, chez les nations protestantes, plus radicalement sémitisées, plus près du judaïsme. J'ai donné à cette commémoration le nom si expressif de *Parentalia* qu'elle avait précisément chez les Romains, qui la célébraient aux ides de février. Je l'ai reportée à la date où on a l'habitude de la fêter chez nous.

Mais outre les fêtes annuelles ordinaires, il est indispensable que les principaux événements qui ont marqué le début de l'Ère révolutionnaire soient fêtés tous les cent ans avec la plus grande solennité.

C'est ainsi que cette année même, à la date du 1er vendémiaire CI, on aurait dû célébrer de véritables *jeux séculaires*, en commémoration d'un si grand événement.

On devra, en cette même année CI (1892-93), fêter solennellement :

Le 2 pluviôse : le centenaire du 21 Janvier ou « de la mort du tyran », comme cela est marqué dans l'Almanach national de l'an III.

drier, en commençant, naturellement, par le 1er vendémiaire, qu'on place en regard du jour de septembre où se trouve placé l'équinoxe d'automne (*Aut.*). On écrit les noms des mois du nouveau Calendrier transversalement.

Le 12 prairial : le centenaire du 31 Mai. Le 31 mai 1793, la Commune de Paris à la tête du peuple et avec le concours de Danton sauva la Révolution et la France par l'épuration indispensable de la Convention.

En l'année CII (1893-1894) on fêtera solennellement :

Le 20 brumaire : le centenaire de la fête de la Raison (1).

Le 4 germinal : la commémoration du 4 Germinal. C'est ici le centenaire d'un jour de deuil, du jour où la Révolution, personnifiée surtout dans la Commune de Paris, dans les *Hébertistes*, périt sous le couteau triangulaire de l'Être suprême et de son grand prêtre Robespierre.

Enfin, en l'an CV (1896-1897) :

Le 18 fructidor : le centenaire du 18 Fructidor. Le 18 fructidor an V, la majorité du Directoire sauva positivement la France d'une restauration. Quoi qu'en disent les doctrinaires et les niais de la politique, loin d'ouvrir la porte au 18 Brumaire, le 18 Fructidor le recula de trois ans, gain considérable dans la circonstance. Ceux qui assimilent ces deux actes sont des farceurs ou des ignorants : le mal n'est pas « d'épurer » les Parlements ou même de les « disperser », au contraire! Témoin le 31 Mai, le 18 Fructidor, le 24 Février et le 4 Septembre. Les 18 Brumaire sont des faits d'usurpation de la souveraineté et de tyrannie n'ayant rien de commun avec ces actes de salut public, et qui mettent, *de facto*, leurs auteurs hors la loi.

(1) Voy. plus loin, p. 46.

1er mois

VENDÉMIAIRE

Vendémiaire

ARISTOTE ❦ LA PHILOSOPHIE

1. *Primedi.*	Thalès.	Fête de la Fondation de la
2. *Duodi.*	Anaximandre.	République.
3. *Tridi.*	Anaximène.	
4. *Quartidi.*	Héraclite.	
5. *Quintidi.*	Kapila.	
6. *Sextidi.*	Anaxagoras.	
7. *Septidi.*	Empédocle.	
8. *Octidi.*	Socrate.	
9. *Nonidi.*	Platon.	
10. *Décadi.*	ARISTOTE.	
11. —	Aristippe.	
12. —	Aristoxène.	
13. —	Théophraste.	
14. —	Straton.	
15. *Quintidi.*	Hippocrate.	
16. —	Leucippe.	
17. —	Protagoras.	
18. —	Diagoras.	
19. —	Prodicus.	
20. *Décadi.*	DÉMOCRITE.	
21. —	Zénon.	
22. —	Épicure.	
23. — .	Avicenne.	
24. —	Occam.	
25. *Quintidi.*	Descartes.	
26. —	Bacon.	
27. —	Leibniz.	
28. —	Hume.	
29. —	Kant.	
30. *Décadi.*	D'HOLBACH.	

Aristote — La Philosophie

La Philosophie (σοφία, *sapientia*, science), considérée
au point de vue le plus général, est, à proprement parler,
la science elle-même dans son ensemble, la synthèse de
nos connaissances : elle satisfait à ce désir de « clartés
de tout » qui est au fond du cœur de l'homme, en nous
donnant la théorie de l'univers, du grand et du petit
monde, l'explication de tous les phénomènes physiques,
intellectuels et moraux.

Un homme incomparable, qui, s'il n'a pas eu la folie
de s'envisager comme un dieu, a plané tellement au-
dessus de l'humanité que ses décisions ont paru comme
des oracles ; un penseur dans l'arsenal psychologique
duquel le monde entier a trouvé des armes pendant
quinze cents ans ; un philosophe dont la méthode est
encore, après vingt siècles, le guide principal des véritables savants, ARISTOTE, en un mot, mérite incontestablement l'honneur de figurer ici comme le plus grand
des Aryens, à la tête des Héros de l'Humanité. Il est
bien véritablement « le maître de ceux qui savent »,
comme l'appelle Dante :

Il maestro di color che sanno,

le vrai fondateur de la philosophie scientifique, de la
politique et de la morale, le précurseur du Socialisme.

On lui doit la théorie de l'État, qui est « la collectivité des individus et des familles réunies en vue du bonheur commun », celle de l'existence humaine et de son but. « Le bien propre de l'homme, dit-il excellemment, le bonheur, consiste dans l'activité des facultés intellectuelles et morales, entretenues à leur plus haut degré de perfection, dans le cours d'une vie complète et favorable. Car une seule hirondelle ne fait pas le printemps, non plus qu'un seul beau jour. » Il croit à l'éternité du monde et à l'immortalité de l'espèce, non à celle de l'individu; sa doctrine est donc celle du Panthéisme matérialiste, ce qui n'est qu'une formule plus compréhensive pour désigner l'Athéisme, le Matérialisme en tant qu'opposé au Spiritualisme. A lui, enfin, revient l'honneur d'avoir formulé, il y a deux mille ans et plus, ces axiomes éternels du droit social :

« Le bien de l'État, c'est la justice; la justice, c'est l'intérêt général. »

« Le droit doit être le même pour tous. »

« L'État doit la subsistance à tous ses membres. »

Si Aristote eut le mérite d'établir définitivement les bases inébranlables de la philosophie, de la morale et de la politique scientifique, il avait été précédé dans cette voie par l'immortel DÉMOCRITE, dont les ouvrages si importants et si nombreux sont malheureusement perdus.

Celui-ci mérite d'être cité comme le chef de ces soi-disant « sophistes », qui, envisagés sous leur aspect véritable, apparaissent dans la pleine lumière des services rendus à l'Humanité, et non dans cette clarté sinistre répandue sur eux par la calomnie platonicienne. Il a posé les bases du Matérialisme scientifique, c'est-à-dire de la science même, en établissant que la Nature est éternelle, incréée; rien ne se fait de rien, et rien ne peut s'anéantir. Sa théorie de la Nécessité, que tant d'imbéciles plaisantent encore, à l'imitation d'érudits de mauvaise foi, est tout simplement l'idée de Loi substituée à celle de hasard ou de providence.

« En esquissant, de plus, les traits principaux de la morale scientifique, dite encore inductive ou utilitaire, Démocrite, pas plus que les philosophes matérialistes ultérieurs, ne fait appel aux basses inspirations de l'intérêt exclusivement personnel ou mal entendu. Lui aussi prêche l'amour universel, l'une des conditions nécessaires, pour toute âme vraiment droite, de ce bonheur que chacun doit s'efforcer de réaliser dans cette vie sans lendemain. Il proclame en termes admirables ce grand principe de la bienveillance ou de la solidarité, vanté si justement par Hobbes comme un des éléments les plus indispensables de la vie sociale. Enfin, plus de deux mille ans avant la Révolution, il proclame implicitement le dogme de l'Humanité mis au-dessus de l'idée de patrie, en s'écriant : « Ἀνδρὶ σοφῷ πᾶσα γῆ βατή, — le philosophe a la terre entière pour patrie » (A. Regnard, *Aryens et Sémites*, t. I, p. 243).

A défaut de Descartes qui, tout en établissant une théorie complètement matérialiste de la pensée et du monde, a perdu son temps et une partie de ses droits à notre admiration en voulant prouver l'existence de Dieu ; à défaut de Kant qui, ayant démontré la non-réalité de cette existence, a tenté de la rétablir à l'aide d'un tour de passe-passe plus digne d'un charlatan que d'un philosophe, — c'est à d'Holbach que doit revenir l'honneur du troisième décadi. L'auteur du *Système de la Nature* a le plus contribué, avec Diderot, à l'élimination de l'idée de Dieu, et partant, à la ruine des religions, en même temps qu'à la glorification de la Science. «Reconnaissons donc, proclame-t-il, que la matière existe par elle-même, qu'elle agit par sa propre énergie et qu'elle ne s'anéantira jamais... C'est la nature qui fait éclore des plantes, des animaux, des hommes ; elle n'a point d'intelligence et de but ; elle agit nécessairement parce qu'elle existe nécessairement. Ses lois sont immuables et fondées sur l'essence même des êtres... Elle ne subsiste et ne se conserve que par la circulation, la transmigration, l'échange et le déplacement perpétuel des molécules et des atomes. » Vous ne trouverez rien de plus fort dans les plus récents travaux des Berthelot et des Tyndall. J'ajoute que dans ce livre, si sottement calomnié par l'Université et par les Juifs, à côté de pages infiniment supérieures à tout le fatras kantiste, il y en a d'autres où la netteté de la logique, la puissance du raisonnement élèvent l'auteur au niveau d'un Hobbes et d'un Spinoza.

D'Holbach a composé plus de vingt-cinq ouvrages dans lesquels il bat en brèche avec un acharnement et une ardeur sans relâche le déisme, la religion et le despotisme. Dans son *Système social*, il apparaît comme le précurseur du Socialisme : c'est de lui surtout et de Diderot, d'Helvétius et de Voltaire que sortira l'Hébertisme. Le regretté Walferdin a pu dire : « Ce fut l'un des hommes les plus éclairés, les plus bienfaisants et les plus incrédules de son temps. L'athéisme était pour lui la base de toute vertu et, appuyé sur ce principe, il donna l'exemple des vertus sociales qui font le plus d'honneur à la nature humaine. »

Si Socrate et Platon figurent dans cette section, c'est surtout au point de vue historique. Le premier, si surfait, aussi peu Grec que possible, dut boire la ciguë beaucoup moins pour cause d'irréligion qu'en raison de sa haine pour la démocratie et de sa liaison avec les plus vils des tyrans, assassins des patriotes et destructeurs des libertés d'Athènes. « Quant à Platon, il n'y a de grec chez lui que cette imagination brillante, que ce style admirable dont les enchantements ont dissimulé la sécheresse, le caractère ascétique — dorien peut-être — à coup sûr anti-aryen de ses conceptions » (A. Regnard, *Aryens et Sémites*, t. I, p. 239 et 220).

2e mois

BRUMAIRE

Brumaire

DIDEROT
LA RAISON

1. *Primedi.* Pline.
2. — Sénèque.
3. — Érasme.
4. — Ulrich de Hutten.
5. *Quintidi.* HOBBES.
6. — Pomponat.
7. — Cesalpin.
8. — Gassendi.
9. — Locke.
10. *Décadi.* **DIDEROT.**
11. — Parentalia ou Commémoration des Morts.
12. — Hypatie.
13. — Étienne Dolet.
14. — Michel Servet.
15. *Quintidi.* GIORDANO BRUNO.
16. — Vanini.
17. — Sidney.
18. — De la Barre.
19. — Ferré.
20. *Décadi.* CHAUMETTE.   Fête de la Raison.
21. — Bayle.
22. — Freret.
23. — Boullanger.
24. — La Mettrie.
25. *Quintidi.* GIBBON.
26. — D'Alembert.
27. — Naigeon.
28. — Sylvain Maréchal.
29. — Cabanis.
30. *Décadi.* SPINOZA.

Diderot — La Raison

Un grand nombre de Héros mentionnés dans ce mois et dans le suivant auraient pu figurer glorieusement dans le cadre de la Philosophie. Mais, pour la systématisation nécessaire des différents mois, il fallait créer des subdivisions.

Il ne s'agit pas ici de la « raison pure » de Kant, encore moins de sa soi-disant « raison pratique », mais bien de l'Entendement considéré comme capable d'apercevoir l'enchaînement des phénomènes et de découvrir les lois qui les régissent. La Raison apparaît ainsi comme l'antithèse de la foi religieuse ou de la croyance aveugle et sans examen. A ce point de vue, elle s'identifie avec la Libre pensée, dont les martyrs les plus illustres trouvent place dans cette section.

Elle ne pouvait être plus dignement représentée que par notre DIDEROT, principal artisan de l'Encyclopédie, ce prélude indispensable de la Révolution. Ce héros a le plus contribué, avec l'illustre d'Holbach, à l'élimination de Dieu et à la constitution définitive du Matérialisme scientifique, — deux conditions indispensables de tout progrès sérieux. Bien qu'il se soit moins occupé de politique, on peut dire que la formule d'Auguste Comte et de Blanqui,

NI DIEU NI ROI,
NI DIEU NI MAITRE,

se trouve implicitement contenue dans le distique si connu :

> Et ces mains ourdiraient les entrailles du prêtre,
> A défaut d'un cordon, pour étrangler les rois.

Écrivain merveilleux, Diderot a été, dans le domaine de l'Art, le créateur de la critique moderne. Enfin il a honoré les travailleurs, en donnant aux arts manuels, dans l'Encyclopédie, la place importante qui leur revenait.

Je ne pouvais mieux faire que d'inscrire à la date du 2ᵉ décadi, 20 brumaire, le nom du Nivernais CHAUMETTE.

En dépit des assertions des ignorants et, surtout, des érudits ignares, la question philosophique et religieuse, base de toutes les autres, reçut de la Révolution sa solution complète, bien que transitoire, malheureusement. Véritable incarnation du peuple de Paris, la Commune sut retrouver ses guides naturels, les Encyclopédistes, et, répudiant comme eux toute religion, au sens vulgaire du mot, elle inaugura le culte de l'Humanité et de la Raison. Sur l'initiative de Chaumette, qui eut là une intuition de génie, la Commune arrêta que le 20 brumaire an II (10 novembre 1793), une fête serait célébrée en l'honneur de la Raison et qu'elle aurait lieu non pas au lycée des Arts ou à l'Opéra, comme on l'avait d'abord projeté, mais dans l'église métropolitaine, à Notre-Dame, « au lieu et place du culte supprimé et sur son autel même ». On sait comment le fondateur du culte de la Raison en fut en même temps le martyr, et tomba sous le couteau triangulaire de l'Être suprême, aiguisé par Robespierre, son grand prêtre.

La fête de la Raison se célébrera, avec la mémoire de Chaumette, le 20 brumaire de chaque année. Son centenaire, qui tombera le 20 brumaire CII (10 novembre 1893), devra être solennisé d'une façon toute particulière, au Panthéon, à défaut de Notre-Dame.

C'est en effet ici la fête primordiale, essentielle, destinée à consacrer à jamais l'ère nouvelle de la Révolution sociale ; c'est la proclamation de ce fait décisif, à savoir : que le temps est passé où les choses sacrées étaient seules regardées comme la vérité et que dorénavant, *la vérité seule est la chose sacrée.*

Spinoza, l'un des Sémites admis à figurer parmi les gloires aryennes, a mérité cet honneur par la précision avec laquelle il a formulé le principe de la Substance, une et incréée, à la fois matière et force, corps et esprit, étendue et pensée, conception qui restera le dernier mot de la Science et de la Philosophie. N'oublions pas, d'ailleurs, qu'il en a puisé les éléments chez Descartes. Spinoza, chassé de la synagogue, voué au *chérem* par les Juifs ses congénères qui tentèrent de le faire expulser de Hollande et ensuite de l'assassiner, Spinoza serait aujourd'hui avec ceux qui combattent le bon combat de l'affranchissement religieux et économique contre la race monothéiste, à laquelle, par l'horrible chapitre XIII du Deutéronome, nous devons l'intolérance et l'Inquisition.

J'ai cru devoir inscrire dans cette section le nom de Ferré qui, au moment d'être fusillé à Satory, s'écria, plein de sang-froid : «Je meurs matérialiste comme j'ai vécu. »

Enfin j'ai placé à la date du 11, sous le titre de *Parentália,* la fête des Morts qui se célèbre chez nous à cette époque (1er novembre. Voy. plus haut, p. 35).

3e mois

FRIMAIRE

Frimaire

<table>
<tr><td>VOLTAIRE</td><td></td><td>L'ESPRIT</td></tr>
</table>

1. *Primedi.* Confucius.
2. — Hérodote.
3. — Thucydide.
4. — Firdousi.
5. *Quintidi.* TACITE.
6. — Aristarque.
7. — Cicéron.
8. — Plutarque.
9. — Ulpien.
10. *Décadi.* **VOLTAIRE.**
11. — Roger Bacon.
12. — Paracelse.
13. — Montaigne.
14. — La Rochefoucauld.
15. *Quintidi.* SWIFT.
16. — La Fontaine.
17. — Fontenelle.
18. — Montesquieu.
19. — Buffon.
20. *Décadi.* RABELAIS.
21. — Condillac.
22. — Fabre d'Églantine.
23. — Jean-Paul Richter.
24. — Dupuis.
25. *Quintidi.* HEGEL.
26. — Feuerbach.
27. — Carlyle.
28. — Michelet.
29. — Schopenhauer.
30. *Décadi.* HELVÉTIUS.

Voltaire — L'Esprit

« Le mot *esprit,* dit Voltaire, exprime autre chose que
jugement, génie, goût, talent, pénétration, étendue, grâce,
finesse, et il doit tenir de tous ces mérites : on pourrait
le définir «raison ingénieuse. »

En ce sens, nul ne méritait mieux la première place ici
que VOLTAIRE lui-même, étant donné surtout que l'on a
rangé autour de lui les hommes illustres qui ont employé
cette «raison ingénieuse » à l'élucidation de quelques-uns
des grands problèmes intéressant l'Humanité, en dehors
de l'Esthétique proprement dite. D'aucuns lui ont reproché
de n'avoir rien fondé ; comme si le destructeur du fanatisme et de la superstition n'était pas le fondateur de l'humanité et de la justice. Il a, du reste, édifié à lui seul une
encyclopédie gigantesque, presque aussi grande que
l'autre et, en quelque façon, plus terrible ; poursuivant un
seul but — la destruction de *l'infâme,* — il a démoli
la Bible et sapé l'Évangile. Le premier des Antisémites
conséquents, il a dit des Juifs : « Vous ne trouvez en eux
qu'un peuple ignorant et barbare, qui joint depuis longtemps la plus sordide avarice à la plus détestable superstition et à la plus invincible haine pour tous les peuples
qui les tolèrent et qui les enrichissent. »

Et ailleurs : « C'est le propre des Juifs d'être partout
courtiers, revendeurs, usuriers. L'argent fut l'objet de
leur conduite dans tous les temps. »

Sans doute, on peut regretter que Voltaire n'ait pas été complètement émancipé de toute théologie. Mais, de fait, son déisme est un déisme de bonne femme, un vieux souvenir de collège qui ne peut être pris au sérieux. Les déistes ne s'y sont pas trompés, et ont répudié ce faux frère, qui croit que la matière peut penser et finit par douter de l'immortalité de l'âme. Ils ont raison ; l'auteur de *Candide* n'est pas de leur bande. C'est pour cela, non moins que pour son attitude vis-à-vis de la Juiverie, que les cuistres de la critique continuent Patouillet, en lâchant leurs ordures contre la statue de ce grand homme, dont Carlyle a dit, parlant de son apothéose : « Il n'y avait rien alors de si grand, de si sublime, de si noble dans toute la France, qui ne sentît que cet homme était encore plus grand, plus sublime et plus noble. »

La seconde place revenait naturellement à RABELAIS ; elle lui sera pourtant contestée par les protestants et par certains doctrinaires radicaux ou robespierristes, désireux de voir ce nom remplacé par celui de Luther. Mais s'il n'y a pas d'erreur plus accréditée, il n'y en a pas de plus néfaste que celle qui consiste à considérer la Réforme comme un pas en avant dans la marche de l'esprit humain. Le vrai réveil, l'incomparable mouvement de cette époque, c'est la Renaissance, dont la Réforme ne fut qu'un accident, malheureux à beaucoup d'égards ; car le premier élan vers la liberté en vue de briser le joug sacerdotal, s'affaissa presque aussitôt. Une fois la position emportée, — grâce aux princes en Allemagne et au roi Henri VIII en Angleterre, — les églises réformées apparurent ce qu'elles sont en effet : un retour à la Bible et au Judaïsme, c'est-à-dire au Monothéisme pur, naturellement barbare et iconoclaste. Calvin, qui fit brûler Servet, en réservait autant à Rabelais ; et il est constant que l'auteur de *Pantagruel* fut dénoncé comme athée par les protestants, avec plus de haine et d'acharnement encore que par les catholiques. Il l'était en effet, et ce fut sa gloire d'avoir compris que ni le progrès ni la raison n'avaient affaire avec la nouvelle religion, pas plus qu'avec l'ancienne.

L'auteur du livre de *l'Esprit*, l'illustre HELVÉTIUS, devait avoir une place d'honneur dans cette section. Que de soi-disant philosophes, métaphysiciens et, partant, réactionnaires aient traîné dans la boue cette gloire indiscutable de la philosophie française, voilà qui n'a rien d'étonnant ; il appartenait à un Victor Cousin, par exemple, de taxer d'immoralité ce moraliste par excellence, ce Victor Cousin et ses modernes continuateurs prédicateurs vertueux et austères, ayant sanctionné de leur autorité toutes les infamies bourgeoises, y compris les coups d'État et les massacres des deux solstices, ceux de Décembre et de Prairial. La morale de l'intérêt bien entendu, préconisée par Helvétius, après Démocrite et Aristote, est la seule véritable, étant la seule humaine et scientifique. Il ne s'agit en aucune façon de la doctrine de l'égoïsme bête, telle que l'entendent les bourgeois et les Juifs ; les théories d'Helvétius sont, au fond, identiques à celles de Bentham et de Stuart Mill. La doctrine de l'intérêt bien entendu se confond avec celle de l'intérêt général et l'auteur du livre de *l'Esprit* est d'accord avec Aristote lorsqu'il affirme que « tout l'art du législateur consiste à forcer les hommes, par le sentiment de l'amour d'eux-mêmes, d'être toujours justes les uns envers les autres. »

4e mois

NIVOSE

Nivôse

1. *Primedi.* Pythéas.
2. — Euclide.
3. — Ératosthènes.
4. — Hipparque.
5. *Quintidi.* PYTHAGORE.
6. — Apollonius.
7. — Diophante.
8. — Sosigène.
9. — Strabon.
10. *Décadi.* **ARCHIMÈDE.**
11. — Ptolémée.
12. — Copernic.
13. — Képler.
14. — Pascal.
15. *Quintidi.* GALILÉE.
16. — Galien.
17. — Vésale.
18. — Harvey.
19. — Linné.
20. *Décadi.* **NEWTON.**
21. — Lagrange.
22. — Lavoisier.
23. — Priestley.
24. — Berzélius.
25. *Quintidi.* LAMARCK.
26. — Bichat.
27. — Gall.
28. — Schwann et Schleiden.
29. — Broussais.
30. *Décadi.* **DARWIN.**

Archimède — La Science

Le mot « Science » est pris ici dans le sens ordinaire, concret, et l'on a rangé dans ce mois les savants qui, en dehors des vues d'ensemble, ont contribué à l'avancement de chacune des sciences en particulier. Si l'on a dû se borner surtout aux mathématiciens, aux astronomes et aux biologistes, c'est que les autres savants ont trouvé leur place dans des sections différentes du Calendrier, comme dans celle du Travail, etc.

Le nom d'Archimède, un des chefs de mois dans le Calendrier positiviste, s'imposait naturellement et sans contestation possible. L'auteur des travaux sur la sphère et le cylindre, sur la mesure de la circonférence, sur la quadrature de la parabole, l'équilibre des corps flottants, etc., est évidemment le plus grand des mathématiciens non seulement anciens, mais modernes. Ces expressions d'anciens et de modernes n'ont d'ailleurs qu'une valeur toute relative ; le temps n'est rien pour des peuples arrivés à un certain degré de civilisation ; c'est la question de race qui fait toute la différence. Archimède et Newton se donnent la main, et facilement on pourrait les considérer comme contemporains. La crevasse de dix siècles entre un Galien et un Vésale, par exemple, a été creusée par le moyen âge chrétien, c'est-à-dire par la sémitisation de nos ancêtres aryens, devenus pour un temps semblables aux Juifs — sans arts, sans lettres, sans vraie science.

Newton, le génie auquel on doit la découverte de cette propriété de la Substance — la gravitation — devait avoir sa place à côté d'Archimède. Dans ce temps de phonographes et autres mécaniques américaines, où l'on se complaît dans le détail de spécialités d'ordre inférieur, tandis que d'autre part de soi-disant savants déshonorent nos écoles en s'abaissant aux pratiques de la cabale juive, il est bon de ramener l'attention sur un savant digne de ce nom. Parlant de sa grande découverte et de la façon dont il la comprend, — à ceux qui lui reprocheraient de n'avoir rien dit de la cause de la gravitation, Newton répond en ces termes à la fin de son immortel ouvrage : « La cause de ces propriétés, je n'ai pas pu encore la déduire des phénomènes, et je ne veux pas faire d'hypothèses, *hypotheses non fingo*. Car tout ce qui ne se déduit pas des phénomènes doit être appelé hypothèse, et les hypothèses, soit métaphysiques, soit physiques, soit relatives aux qualités occultes, soit mécaniques, n'ont pas de place dans la philosophie expérimentale. *Et satis est!* c'est assez que la gravitation existe, qu'elle agisse suivant les lois que nous avons exposées et qu'elle suffise à expliquer les mouvements des corps célestes et ceux de l'Océan. » En effet, c'est assez, *et satis est!* les lois une fois connues, la science est constituée ; la recherche des causes occultes ne peut préoccuper que des bonnes femmes ou des enfants.

Quant à Darwin, aucun nom plus que le sien n'était digne d'honorer le troisième décadi. Cette gloire revenait au Héros qui, en démontrant ce qu'avaient déjà indiqué Lucrèce, Gœthe, Lamarck et d'autres encore, a permis de substituer définitivement la doctrine de l'Évolution au dogme de la Création. Toutes les grandes découvertes sont préparées par des prédécesseurs, mais l'honneur appartient à l'homme dont le génie a élucidé et fixé les idées qui flottaient avant lui à l'état de conceptions indécises et sans forme.

5e mois

PLUVIOSE

Pluviôse

GRACCHUS — LE PROGRÈS SOCIAL

1. *Primedi.* Sésostris.
2. — Nabuchodonosor.
3. — Cyrus.
4. — Sandracotos.
5. *Quintidi.* ALEXANDRE.
6. — Paul Émile.
7. — Scipion l'Africain.
8. — Marius.
9. — César.
10. *Décadi.* **TIBERIUS et CAIUS GRACCHUS.**
11. — Titus.
12. — Adrien.
13. — Antonin.
14. — Marc-Aurèle.
15. *Quintidi.* TRAJAN.
16. — Julien.
17. — Charles Martel.
18. — Rodrigue le Cid.
19. — Don Juan de Lépante.
20. *Décadi.* **MACHIAVEL.**
21. — Henri IV.
22. — Gustave-Adolphe.
23. — Richelieu.
24. — Sobieski.
25. *Quintidi.* FRÉDÉRIC LE GRAND.
26. — Pombal.
27. — Beccaria.
28. — Auguste Comte.
29. — Auguste Blanqui.
30. *Décadi.* **CONDORCET.**

Gracchus — Le Progrès social

Ce mois est consacré aux grands politiques, aux Héros
qui ont influencé dans le sens du mieux l'évolution sociale,
soit directement par leurs actes, comme les Gracques,
—soit par leurs écrits comme Machiavel et Condorcet,—
soit enfin, indirectement, en combattant les ennemis de
la civilisation et du progrès, comme l'ont fait Scipion,
conquérant de Carthage, Charles Martel, vainqueur des
Sarrasins, etc.

Tiberius Gracchus doit être éternellement honoré
comme le promoteur du Socialisme, dont il fut aussi le
premier et l'un des plus touchants martyrs. Sans doute,
il ne pouvait pas être question de la formule actuelle du
Communisme ; mais en faisant passer la loi agraire, l'immortel Tiberius donna au principe de la lutte des classes
la plus éclatante consécration. Les riches, conduits
par le « bourgeois » Nasica, n'hésitèrent pas à violer la
majesté des lois et celle de la religion, en assassinant
le tribun, inviolable et sacré. Lorsqu'il fut tombé sous les
coups de la réaction, son frère Caïus recueillit sa succession ; il partagea son sort. Sous le tribunat de ce dernier
fut promulguée la première des lois frumentaires, en
vertu desquelles, à la fin de la République, plus de trois
cent mille plébéiens participaient à des distributions de
vivres, aux dépens du Trésor public.

C'était l'assistance obligatoire, l'application réelle du

principe de la solidarité conformément à l'axiome d'Aristote, que l'État doit la subsistance à tous ses membres. C'est pourtant cette grande mesure, toute socialiste, dont nos critiques bourgeois et à courte vue se font encore aujourd'hui des gorges chaudes, en ressassant, à propos du *panem et circenses*, les plaisanteries de Juvénal, grand poète mais misérable citoyen, insulteur des Gracques et de la plèbe (voy. mes *Aryens et Sémites*, t. I, p. 267 sq.).

Le grand nom de MACHIAVEL trouvait naturellement, à la deuxième décade, une place que seule, l'ignorance la plus crasse pourrait lui contester. La Politique scientifique, par quoi j'entends la science maîtresse qui s'occupe de l'État, n'a pas de plus illustre représentant dans les temps modernes. Dans ses immortels discours sur Tite-Live, il a donné la théorie complète de la Démocratie, établi sa supériorité sur toutes les autres formes de gouvernement, et montré comment le Droit ne pouvait triompher qu'à la condition d'avoir la Force à son service.

Enfin CONDORCET, l'auteur de l'*Histoire des progrès de l'esprit humain*, était forcément indiqué pour la troisième place. Philosophe complètement émancipé de toute théologie, géomètre illustre, révolutionnaire ardent, il dut surtout à son Athéisme avéré la haine dont le poursuivit le sanglant pontife de l'Être suprême. Nullement girondin, en dépit de l'opinion accréditée sans motif, il est l'auteur à peu près exclusif du projet de Constitution élaboré en 1793, projet qui avait, entre autres, l'immense mérite de n'être pas vicié dans son ensemble par l'invocation préliminaire à la divinité. S'il a dit du progrès qu'il était indéfini et de la vie humaine qu'elle pouvait le devenir, il ne faut voir là que l'utopie d'un mathématicien familiarisé avec ces idées de limite, dont on se rapproche sans cesse sans pourtant l'atteindre jamais, et surtout, le rêve généreux d'un proscrit qui fait de cette contemplation « un asile où le souvenir de ses persécuteurs ne peut le poursuivre ».

Quant à ceux qui s'étonneraient de rencontrer dans la même accolade le nom de *César* et celui d'*Auguste Blanqui*, il importe de leur rappeler que le dictateur romain, vengeur réel de la démocratie, ne fît que renverser la constitution oligarchique, dont l'heure avait sonné dès le jour où le premier des Gracques roula sanglant sous les coups des bandits de l'aristocratie. Le Calendrier positiviste a fait de César un chef de mois. Je ne l'ai pas suivi en cela, pour deux raisons : d'abord, parce qu'à tous égards et sans contestation possible, cette place revient aux Gracques ; ensuite, parce que le vainqueur de Pompée, par une faiblesse peu en rapport avec ses étonnantes qualités, eut le tort de se faire offrir la couronne, à titre d'essai.

Mais le Peuple romain, qui ne se ruait pas dans la servitude, fit comprendre au dictateur qu'il se trompait ; il n'avait pas oublié la légende des Tarquins et du premier Brutus. Il eut ainsi le mérite de conserver à l'État son vieux et glorieux titre : formule un peu vaine sans doute et dont il ne faut pas exagérer la portée — mais sans l'atténuer non plus. Car il y a une destinée dans les mots comme dans les choses, et l'antique symbole, le S. P. Q. R. (*Senatus Populusque Romanus*) perpétua pendant des siècles encore, avec la constante gloire, le souvenir de l'ancienne liberté.

Blanqui et Auguste Comte méritaient de figurer, avec les plus grands, dans cette section du Progrès social, parce que, affranchis de toute conception métaphysique, ils se rattachent au grand principe de la Force révolutionnaire, seule capable d'assurer le triomphe du Socialisme.

Sésostris (Ramsès II Sestou — Râ) représente la civilisation de l'Égypte, comme Nabuchodonosor (Nabou — Koudour — oussour II) celle de Babylone, ou plutôt, cette civilisation proto-chaldéenne, touranienne, non sémitique, qui fit la grandeur de Babylone et de l'Assyrie.

6ᵉ mois

❀

VENTOSE

Ventôse

GUTENBERG   LE TRAVAIL

 1. *Primedi.* Ctésibius.
 2.   —   Héron.
 3.   —   Varron.
 4.   —   Columelle.
 5. *Quintidi.* CHRISTOPHE COLOMB.
 6.   —   Vitruve.
 7.   —   Van Eyck.
 8.   —   Ghiberti.
 9.   —   Bernard Palissy.
10. *Décadi.* GUTENBERG.
11.   —   Colbert.
12.   —   Vauban.
13.   —   Vaucanson.
14.   —   Boule.
15. *Quintidi.* BENVENUTO CELLINI.
16.   —   Arkwright.
17.   —   Papin.
18.   —   Volta.
19.   —   Davy.
20. *Décadi.* JAMES WATT.
21.   —   Turgot.
22.   —   Adam Smith.
23.   —   Babeuf.
24.   —   Robert Owen.
25. *Quintidi.* BENTHAM.
26.   —   Fourier.
27.   —   Saint-Simon.
28.   —   Karl Marx.   Commémoration du 18 **Mars**.
29.   —   Stuart Mill.
30. *Décadi.* VARLIN.

Gutenberg — Le Travail

Le travail manuel et les travailleurs sont glorifiés ici, tout d'abord dans la personne du premier typographe. Les doutes émis depuis longtemps, les témoignages, quoique très sérieux, apportés tout récemment en faveur de Coster de Haarlem, n'empêchent que les droits de Gutenberg ne subsistent, consacrés qu'ils sont par quatre centenaires célébrés en son honneur par tous les peuples.

La découverte, d'ailleurs préparée, comme toutes les autres, devait avoir lieu, et plus facilement qu'aucune autre ; la personnalité flottante et quasi légendaire de l'inventeur n'est que mieux appropriée pour représenter la classe des travailleurs, dont les membres les plus utiles ne surnagent, malheureusement, presque jamais au-dessus du gouffre de l'oubli.

Il est bon, d'ailleurs, de ne pas s'exagérer, à la façon des pédagogues, l'importance de l'imprimerie. On ne veut pas la diminuer non plus, mais rappeler simplement qu'il y avait des livres, quoique non imprimés, avant Gutenberg. Et le peuple les lisait. Le plus pauvre citoyen d'Athènes, qui donnait sa voix dans l'Ecclesia, avait une culture bien supérieure à la moyenne de celle des Européens d'aujourd'hui. Jamais ne seront surpassées les merveilles littéraires du siècle de Périclès, qui ne connaissait pas l'imprimerie : on sait, d'autre part, à quoi elle a servi aux Chinois, qui la connaissaient peut-être déjà dans ce temps-là.

L'effet immense de la découverte de Gutenberg et de Coster vint surtout de ce qu'elle coïncida avec la réapparition des chefs-d'œuvre littéraires de nos ancêtres aryens, propagés encore par les savants grecs réfugiés parmi nous, au moment de la chute de l'Empire romain d'Orient. Il importe peu qu'on imprime des niaiseries, et encore moins que tout le monde les puisse lire. Nous avons combattu avec acharnement, sous l'Empire, pour l'instruction du peuple; mais nous la voulions laïque, par quoi nous entendions — non les sottes leçons de choses, l'enseignement primaire, négatif et vide d'aujourd'hui — mais l'instruction solide, complète, c'est-à-dire classique en même temps que scientifique, au moins pour le plus grand nombre, sans catéchisme et sans théologie, pas plus chrétienne que soi-disant philosophique. L'influence juive qui commence à infecter l'Université comme tout le reste, est même en train, avec le concours des inconscients, d'éliminer de l'enseignement secondaire l'étude indispensable des langues dans lesquelles ont été écrits les chefs-d'œuvre de l'esprit humain dans tous les genres — la grecque et la latine; mais quoi ! ce sont des langues aryennes.

Le nom de JAMES WATT est celui de l'ouvrier étonnant qui, à force de génie, de persévérance admirable et jamais lassée, devint l'inventeur réel de la machine à vapeur, le véritable créateur de cette force, dont l'emploi mieux réglé dans un avenir plus parfait, fera de plus grands loisirs à tous. Si Salomon de Caus, Papin et autres ont été ses prédécesseurs, c'est lui dont le génie supérieur a réalisé ce qui n'avait pu l'être auparavant.

A côté de Gutenberg et de Watt, les noms d'un potier comme Bernard Palissy, de ciseleurs comme Ghiberti et Benvenuto Cellini, d'un mécanicien comme Vaucanson, d'un menuisier comme Boule, etc., montrent assez comment le travail manuel se relie au travail intellectuel considéré même sous son aspect le plus élevé. Cette simple énumération suffit à ramener à sa juste valeur, c'est-à-dire à son minimum, la distinction entre les arts libéraux et les arts mécaniques ; distinction qui, quoique bien fondée, dit notre Diderot, a produit un mauvais effet en avilissant des gens très estimables et très utiles. Le philosophe n'a pas peu contribué à dissiper ce préjugé, qui n'est plus partagé aujourd'hui que par les ignorants.

On a réuni ici, à côté des travailleurs, les noms de ceux qui ont cherché à les affranchir. Si les origines du Socialisme se retrouvent en théorie dans Aristote et en pratique chez les Gracques, il n'a pu prendre tout son développement que lorsque, par la Révolution, l'Humanité eut repris conscience de ses droits. La Juiverie — qu'on retrouve partout de nos jours — essaye de nous persuader que l'étude et le souci de la Question sociale constituent le fond de la doctrine des prophètes. S'il s'agit du Socialisme du commencement du siècle, qui s'est fourvoyé précisément pour avoir donné dans les niaiseries sentimentales du Néo-christianisme, il se peut que ces Juifs aient raison. Mais les socialistes d'aujourd'hui, ceux qui, pénétrés de l'esprit scientifique, finiront par supprimer le Capitalisme, repoussent avec autant de dégoût que d'horreur une pareille assimilation. « La charité » judéo-chrétienne, c'est-à-dire l'aumône « pour l'amour de Dieu », n'a jamais été qu'un encouragement à la fainéantise et à l'avilissement des intéressés, loin d'avoir quoi que ce soit de commun avec la solution de la Question sociale.

Les prolétaires, non moins misérables que les anciens esclaves, attendent encore le grand socialiste, l'homme de cœur et d'intelligence, qui, mettant à profit les enseignements des prédécesseurs, donnant pour base à ses efforts la connaissance approfondie de la nature et de l'homme, provoquera le krach définitif de la société bourgeoise et déterminera, par la dictature nécessaire de la minorité consciente, le triomphe du Socialisme. Tout en rendant justice aux prédécesseurs, j'ai cru devoir réserver les honneurs du troisième décadi au digne VARLIN, prolétaire et fusillé comme tel. Le souvenir de la révolution du 18 Mars pourra être célébré plus commodément en ce jour du 30 ventôse, jour de fête correspondant au 20 mars, à moins qu'on ne préfère la date précise du 28 ventôse.

7e mois

GERMINAL

Germinal

PHIDIAS ❧ LES BEAUX-ARTS

1. *Primedi.* Chersiphron.
2. — Ictinus.
3. — Polyclète.
4. — Scopas.
5. *Quintidi.* PRAXITÈLE.
6. — Alcamène.
7. — Polygnote.
8. — Zeuxis.
9. — Appelles.
10. *Décadi.* **PHIDIAS.**
11. — Erwin de Steinbach.
12. — Léonard de Vinci.
13. — Albert Dürer.
14. — Jean Goujon.
15. *Quintidi.* MICHEL-ANGE.
16. — Giorgione.
17. — Titien.
18. — Paul Véronèse.
19. — Rubens.
20. *Décadi.* RAPHAEL.
21. — Holbein.
22. — Velasquez.
23. — Rembrandt.
24. — Poussin.
25. *Quintidi.* SÉBASTIEN BACH.
26. — Palestrina.
27. — Hœndel.
28. — Haydn.
29. — Berlioz.
30. *Décadi.* BEETHOVEN.

Phidias — Les Beaux-Arts

Les trois mois du printemps, Germinal, Floréal, Prairial, sont consacrés à cette efflorescence de l'esprit humain : la Poésie et les Beaux-Arts. On les étudie sous le titre général d'Esthétique ou de science du Beau. Le Beau est tout ce qui produit en nous des émotions vives et d'autant plus agréables qu'elles n'ont rien de commun avec les misères de la vie, avec notre activité en tant qu'êtres humains en rapport avec nos semblables. Il peut se rencontrer dans la Nature; mais il agit principalement comme produit du génie humain. Il a sans doute un caractère relatif, n'y ayant rien d'absolu : le Chinois, le Sémite ou le Papou ne sauraient le comprendre comme l'Aryen. Mais la Vénus de Milo et la Callipyge, l'*Orestie* d'Eschyle et les *Niebelungen* de Wagner demeurent les types éternels du Beau suprême, créations de la race maîtresse, supérieure à tous égards.

L'Esthétique scientifique ou matérialiste peut porter à son actif, non seulement un Euripide et un Lucrèce, mais encore un Shakespeare, un Molière et un Shelley, et, dans les arts plastiques, un PHIDIAS. On ne pouvait mettre ceux-ci sous l'invocation d'un plus grand nom. Les cuistres sémitisés qui travaillent de leur mieux à rabaisser la Grèce, ne feront croire à personne que celui-là adorait la divinité, au sens théologique du mot. Il fut, au contraire, la victime de cette clique réactionnaire qui ne se lassa jamais de poursuivre la ruine de la démocratie athénienne et tenta d'accabler Périclès et ses amis sous une accusation d'impiété. Mais il croyait à la Force et fit le Jupiter olympien; il croyait à la Raison et à la patrie athénienne, et il fit l'Athènè de l'Acropole.

Raphael était nécessairement désigné comme le Héros de la seconde décade. Cet honneur était dû à l'auteur de tant de chefs-d'œuvre, et entre autres de la Madone de Saint-Sixte, — cette adorable fille-mère, reproduction, en peinture, de la Vierge du Parthénon, et à laquelle il ne manque que d'être nue, sortant de l'onde (anadyomène), pour apparaître comme la représentation parfaite de cette vertu : la Beauté. On rend justice à ses prédécesseurs; mais les rangs sont trop pressés pour qu'ils aient pu trouver place ici. « La peinture antique, dit Louis Viardot, formée de matériaux plus fragiles (que la sculpture), n'a pu survivre aux tempêtes qui ont englouti l'ancienne civilisation tout entière et rejeté l'esprit humain, comme un autre Sisyphe, des hauteurs qu'il avait atteintes, aux humbles débuts d'une nouvelle carrière qu'il a dû remonter par une longue et pénible pente. » La plus destructive, la plus impitoyable de ces tempêtes a été le Judéo-christianisme, dont le triomphe, comme le dit Condorcet, a été le signal de l'entière décadence de la culture humaine. Les « Préraphaélites », ceux qui remontèrent les premiers la longue et pénible pente, sont sans doute fort intéressants, puisqu'ils ont été indispensables; mais, à part deux ou trois d'entre eux, on peut bien proclamer, avec Stendhal, que si leur mérite est grand, leurs tableaux sont laids. Il appartenait à notre époque, de moins en moins artistique à mesure que la Juiverie l'envahit, de vouloir faire renaître cette période d'ébauches et de pénibles tentatives, comme les gens du quinzième siècle avaient fait « renaître » l'antiquité et ses chefs-d'œuvre. Cette idée colossale germa, il y a une quarantaine d'années, à Londres, sous le nom de préraphaélitisme. Les Anglais firent promptement justice de cette tentative de réhabilitation du laid et de l'ignoble, — ce qui, sous prétexte d' « expression », n'est autre chose que le Sémitism'e dans l'art. Cette mode est venue chez nous, et nos « Salons » sont maintenant infectés de vierges chlorotiques, flanquées d'enfants hydrocéphales, — toute la Juiverie de Nazareth! — présentés au peuple comme les archétypes de l'art et surtout de la « modernité ». Des Mécènes, de plus de cœur que d'intelligence, croient faire œuvre démocratique en encourageant l'éclosion d'un tas d'horreurs. Ils ignorent que le peuple a bien assez des scènes de misère dont la réalité lui impose la contemplation quotidienne; ce qu'il lui faut, en fait d'art, pour le récréer, pour le « rafraîchir », c'est la représentation de la riche nature et des belles chairs nues, et il ne prend aucun plaisir, sachez-le, à la vue de vos « Olympia » et du reste de vos magots.

A côté de Phidias pour la Sculpture, de Raphaël pour la Peinture, Beethoven devait représenter la Musique comme telle, pure, dégagée de tout autre élément. Comme auteur de la symphonie avec chœurs, — beaucoup plus que comme celui de *Fidelio,* — il aurait pu prendre place aussi dans la section du Drame; mais l'ensemble de son œuvre, ensemble écrasant et qui pourra difficilement être surpassé, déterminait sa place ici. C'est en entendant une de ses symphonies, magistralement exécutées sous la direction nécessaire d'un chef incomparable comme Lamoureux, que l'on peut comprendre les belles expressions de Schopenhauer, qui nous montre dans de pareils morceaux la confusion la plus grande, fondée sur l'ordre le plus parfait; c'est la *rerum concordia discors,* la concorde discordante des choses, image du monde qui roule dans un chaos de formes innombrables, et se maintient dans une incessante destruction pour aboutir à un perpétuel renouvellement.

8e mois

FLORÉAL

Floréal

1. *Primedi.* Les Chantres védiques.
2. — Les Homérides.
3. — Hésiode.
4. — Pindare.
5. *Quintidi.* Sapho.
6. — Phrynis.
7. — Théocrite.
8. — Horace.
9. — Virgile.
10. *Décadi.* **LUCRÈCE.**
11. — Boccace.
12. — Pétrarque.
13. — Arioste.
14. — Torquato Tasso.
15. *Quintidi.* Dante.
16. — Villon.
17. — Ronsard.
18. — Camoëns.
19. — Milton.
20. *Décadi.* GŒTHE.
21. — Schiller.
22. — Byron.
23. — Pouschkine.
24. — Victor Hugo.
25. *Quintidi.* Mozart.
26. — Pergolèse.
27. — Cimarosa.
28. — Schubert.
29. — Schumann.
30. *Décadi.* SHELLEY.

Lucrèce — La Poésie

S'il avait existé un homme appelé Homère, auteur des immortelles poésies accumulées sous ce nom, c'est à lui que ce mois eût dû être dédié. Le fait que ces épopées sont l'émanation de l'esprit de tout un peuple et le produit d'un cycle n'enlève rien à leur mérite ; mais puisqu'on s'est imposé la règle de n'admettre ici que des personnages réels, historiques, il a bien fallu renoncer au nom d'Homère — tout en consacrant un jour aux rhapsodes « homérides » comme aussi aux chantres inspirés de ces premières et admirables poésies aryennes, — les hymnes védiques.

La première place, dans ces conditions, devait être nécessairement occupée par Lucrèce, l'incomparable auteur du *De natura rerum*, le poème de la Nature et de la vie. Si Dante peut lui être comparé pour l'intensité de la verve lyrique et la puissance des images, combien il lui reste inférieur par la conception générale de son œuvre, peinture du catholicisme en décomposition et, par cela même, démoralisante au premier chef! Il est donc juste de l'affirmer : après les chants homériques et védiques, malheureusement anonymes, la Poésie, comme telle, n'a pas de plus illustre représentant que Lucrèce. Si j'ajoute que, disciple des grands penseurs grecs, il expose en termes magnifiques la philosophie matérialiste ou scientifique, et donne des phénomènes de la Nature une explication définitive, qui, de nos jours même, n'a été augmentée que de détails d'ordre tout secondaire, on comprendra dans quelle vénération doit être tenu le plus grand des poètes qui est en même temps le plus avéré, le plus radical des athées.

Nul n'est plus digne, à tous égards, de figurer à côté de lui que l'auteur de *Faust*. Il a été donné à GŒTHE, comme à Diderot, d'exceller à la fois dans les sciences et dans les lettres, ce qui est la marque incontestable du génie. Le grand païen, comme on l'a justement appelé — ce qui revient à dire le grand Aryen — a donné dans son *Faust* la synthèse poétique de l'esprit humain ; il a réalisé l'idéal scientifique et philosophique, quoi qu'en puissent penser les cuistres académiques qui, chez nous, ont eu le front de lui jeter à la face son Athéisme comme une immoralité ; eux, les misérables prévaricateurs, qui n'ont cessé de prêcher la thèse juive, et partant ignoble, de l'homicide en cas d'infidélité conjugale. C'est lui enfin, l'immortel Gœthe, qui prononçait à propos des Français, au moment des guerres du premier Empire, ces nobles paroles : « Comment moi, pour qui la civilisation et la barbarie sont les seules choses à considérer, aurais-je pu haïr une nation qui compte au nombre des plus civilisées, et à laquelle je suis redevable, pour une si grande part, de mon développement intellectuel ?... D'ailleurs, c'est dans les degrés les plus inférieurs de la civilisation que vous trouverez toujours la haine de peuple à peuple à son plus haut point de violence et d'aveuglement. »

Le troisième décadi appartenait de plein droit au plus grand poète lyrique, je ne dirai pas seulement de l'Angleterre, mais de l'Europe au dix-neuvième siècle, à SHELLEY.

J'ai apprécié ailleurs la valeur poétique de l'œuvre de ce « génie », mort à vingt-neuf ans et dont aucune traduction ne peut donner une idée même approximative ; « de ce poète,

dit son digne successeur Algernon Swinburne, qui nous
a guidé à la lumière de sa foi, sur les ailes de ses espé-
rances, par la flamme ardente de son cœur, à travers ces
voies de la pensée où lui-même avait été précédé par les
plus grands, par un Eschyle, par un Lucrèce, par un
Milton... C'est assez d'ailleurs, pour notre pays, de savoir
qu'il peut compter à son actif deux des plus grands
poètes qui aient jamais été les prophètes de la liberté de
penser, de la Patrie et de l'Humanité. Mais il est également certain que les genres lyrique et dramatique sont
les formes les plus sublimes de la poésie ; et de même
que la première place dans l'un est chez nous la propriété
de Shakespeare, le premier rang dans l'autre appartient
— et à tout jamais — à Shelley. » J'ajoute, pour l'édifica-
tion de la jeunesse, que ce grand homme, qu'on a voulu
traîner parmi les détritus du mysticisme et du préraphaélitisme, affirme partout, dans ses œuvres, la triple qualité qu'il s'attribua un jour — et qu'il ne renia jamais, —
lorsqu'il écrivit sur le registre de la Chartreuse de Mon-
tanvert, à côté du nom d'un imbécile qui démontrait
l'existence de Dieu par le Mont-Blanc :

Εἴμι φιλάνθρωπος δημοκράτικός τ' ἄθεος τε,

« Je suis philanthrope, démocrate et athée ».

9e mois

PRAIRIAL

Prairial

 1. *Primedi.* Euripide.
 2. — Sophocle.
 3. — Aristophane.
 4. — Plaute.
 5. *Quintidi.* Eschyle.
 6. — Cervantes.
 7. — Lope de Vega.
 8. — Calderon.
 9. — Marlowe.
10. *Décadi.* **SHAKESPEARE.**
11. — Bossuet.
12. — Racine.
13. — Regnard.
14. — Lesage.
15. *Quintidi.* Corneille.
16 — Lessing.
17. — Beaumarchais.
18. — Mirabeau.
19. — Balzac.
20. *Décadi.* **MOLIÈRE.**
21. — Quinault.
22. — Alexandre Scarlatti.
23. — Lulli.
24. — Rameau.
25. *Quintidi.* Gluck.
26. — Grétry.
27. — Méhul.
28. — Rossini.
29. — Weber.
30. *Décadi.* **WAGNER.**

Shakespeare — Le Drame

L'Esthétique comprend trois branches ou sections distinctes, qui sont, par ordre d'importance : la Poésie, la Musique et les Arts plastiques (peinture, sculpture, architecture). Des hommes faisant autorité se sont même demandé si la première place ne devait pas appartenir à la Musique. Schopenhauer va plus loin, en quelque sorte. Ce philosophe étonnant, qui sème à pleines pages les vérités et les paradoxes, voit dans la Musique le plus puissant de tous les arts, à nul autre comparable, une reproduction, un équivalent de ce qu'il appelle la Volonté — et qui n'est autre que l'entité métaphysique de Kant, le soi-disant noumène ou la *chose en soi;* de telle sorte, enfin, que le Monde pourrait être appelé une incarnation de la Musique aussi bien qu'une incarnation de la Volonté, ce qui revient à dire que la Musique représente l'essence du Monde. Ces louanges sans bornes, en contradiction complète quant au résultat avec le déplorable pessimisme de l'auteur — contradiction dont il sent très bien la réalité — sont, d'autre part, en parfait accord avec le témoignage des plus grands esprits, tels qu'un Aristote et un Shakespeare. C'est pour cela que j'ai réparti les musiciens dans les trois mois consacrés à l'Esthétique, la Musique ayant droit à figurer dans chacun d'entre eux. Je n'ai pas voulu lui consacrer une section spéciale pour mieux marquer qu'en dépit de sa réelle indépendance, elle se confond en quelque sorte avec toutes les formes de la Poésie — épique, lyrique, dramatique. Elle est bien véritablement la fille des Muses — la Musique — et, quoique les « érudits » croient toujours qu'il s'agissait là de tout ce qui se rapporte à l'éducation en général, la vérité est que le mot prit très vite, chez les Grecs mêmes, sa signification actuelle; une lyre est d'ailleurs le principal attribut d'Apollon — le Musagète.

La poésie proprement dite n'allait pas sans la Musique. Mais celle-ci faisait surtout partie intégrante du Drame; Eschyle composait lui-même, comme Wagner, la musique de ses tragédies. Sans doute la symphonie n'avait pas alors l'importance qu'elle a prise depuis; mais, en somme, le principe du Drame lyrique ne diffère pas de celui du Drame antique, qui était musical aussi. Lorsque Péri et Caccini trouvèrent la formule de l'opéra — car ce sont eux, et non d'autres — ils étaient guidés par le seul désir, très juste, de reprendre la tradition de la tragédie grecque et du *canto che parla*, du chant qui parle. Il n'est pas vrai, comme on l'a dit, qu'ils aient ainsi trouvé toute autre chose : car les hors-d'œuvre et ballets introduits depuis dans « l'opéra » n'étaient point dans leur programme. La différence est surtout dans le génie poétique des auteurs — n'y ayant plus ni Eschyles ni Euripides — et dans les transformations de la Musique, le seul art dans lequel les Aryens de notre temps aient su dépasser leurs prédécesseurs.

Ces explications étaient nécessaires pour justifier la place donnée ici à Wagner, qui devait figurer dans la même section que les tragiques grecs.

Le Drame est la plus haute forme de la Poésie, et comme il fallait le caractériser, d'autre part, et grâce à la rétrogradation moderne, en dehors du point de vue musical, la première place revenait à l'incomparable

Aryen qui a su le mieux représenter, il y a trois siècles, le génie de notre race. La Renaissance, prélude indispensable de la Révolution, est, après le siècle de Périclès, l'époque la plus lumineuse de l'esprit humain. Raphaël touche de près Phidias, et SHAKESPEARE est le proche parent d'Eschyle et d'Euripide. La civilisation une fois conquise, qu'est-ce en effet que le Temps, en regard de la Race? L'auteur de tant de chefs-d'œuvre est l'un des plus glorieux représentants de cette famille aryenne que la Renaissance venait justement de rendre à elle-même en la purifiant, en la délivrant de la crasse et de l'oppression sémitiques. Aussi grand qu'Eschyle, il est aussi athée que l'immortel Euripide, que Platon a chassé de sa République avec Homère, pour cause de matérialisme. Il n'a rien de commun avec les romantiques, avec les admirateurs des sales gargouilles, assurément préraphaélites, des cathédrales. Shakespeare, c'est la vie même avec tous ses bouillonnements : le laid et le mal peuvent bien avoir chez lui une place ; mais ce qui n'en a pas, c'est l'exaltation sans relâche des êtres et des choses difformes, la réhabilitation de l'ignoble, qui constitue le fond de l'esthétique judéo-chrétienne.

Ni Corneille, ni Racine ne pouvaient prétendre à la place que j'ai assignée à notre MOLIÈRE. Le premier dans le genre, après Shakespeare, parmi ceux qu'on est convenu d'appeler les modernes, il a su mettre à nu le cœur humain et nous en étaler tous les replis. Et lui aussi, comme tous les vrais grands hommes, était affranchi de toute conception théologique ou spiritualiste ; élève de Gassendi, non seulement il a traduit Lucrèce, comme dans *le Misanthrope*, par exemple, mais dans sa justement fameuse scène du « pauvre », il établit entre l'Humanité et Dieu, au profit de la première, un antagonisme voulu ; cela ne peut plus être contesté.

RICHARD WAGNER, au dix-neuvième siècle, s'élève au-dessus de ses rivaux dans le triple domaine de la Poésie, de

la Musique et des Arts plastiques, autant qu'un chêne dix
fois séculaire au-dessus des simples baliveaux. Il balance
la gloire d'un Eschyle ou d'un Euripide, l'emportant par
la musique, s'il reste inférieur au point de vue de la dic-
tion. La seule *Orestie* est comparable à la trilogie des
Nibelungen. Rien qu'en sachant choisir pour thème de
son incomparable chef-d'œuvre la grande épopée scan-
dinave, tout aryenne et si intéressante à tous égards,
si réellement « homérique », il a donné la mesure de son
incomparable génie. Le doux et mystique *Parsifal* n'a
rien ajouté à sa gloire, et les éloges outrés que lui donnent
aujourd'hui des symboliques inintelligents, lui eussent certainement ouvert les yeux. Wagner, démocrate et révolutionnaire — en dépit des imbéciles qui lui reprochent le
roi de Bavière, — Wagner, penseur profond, complètement émancipé, athée en fait, étant schopenhaurien,
voulait que la *musique*, incarnant et résumant tous les
arts, *fût la religion de l'avenir.* Sous ce rapport, *la
Walkyrie, Siegfried* et *le Crépuscule des dieux* demeurent,
je le répète, l'œuvre capitale, l'analogue de la ~~grande~~
trilogie eschylienne, et capable de produire sur le peuple
le même effet « religieux », c'est-à-dire profondément
émouvant et, partant, moralisateur. Ceci toutefois ne
sera réalisé que le jour où la démocratie actuelle aura
atteint — au point de vue esthétique comme à tous les
autres — le niveau de la démocratie aryenne au temps
de Périclès; ce qui ne semble pas près d'être réalisé.

10ᵉ mois

MESSIDOR

Messidor

PÉRICLÈS   LA DÉMOCRATIE

1. *Primedi.* Solon.
2. — Clisthènes.
3. — Junius Brutus.
4. — Thrasybule.
5. *Quintidi.* HARMODIUS et ARISTOGITON.
6. — Spurius Cassius.
7. — Licinius Stolon.
8. — Décius.
9. — Thémistocle.
10. *Décadi.* **PÉRICLÈS.**
11. — Alcibiade.
12. — Timoléon.
13. — Démosthène.
14. — Chéréas.
15. *Quintidi.* RIENZI.
16. — Hugues de Saint-Pierre.
17. — Jacques Arteveld.
18. — Paul de Gondi.
19. — Sieyès.
20. *Décadi.* **DANTON.**
21. — Marat.
22. — Chalier.
23. — Hébert.
24. — Gustave Tridon.
25. *Quintidi.* HOCHE.
26. — Marceau. **Anniversaire du 14 Juillet.**
27. — Les quatre sergents de la Rochelle.
28. — Baudin.
29. — Delescluze.
30. *Décadi.* **ANACHARSIS CLOOTS.**

Périclès — La Démocratie

Tout ce qui regarde la politique proprement dite se trouve réparti dans les trois sections ayant pour titres respectifs :

Gracchus ou le Progrès social (Pluviôse) ;

Périclès ou la Démocratie (Messidor) ;

Charlemagne ou la Patrie (Thermidor) ;

Des trois formes de gouvernement — la Monarchie ou pouvoir d'un seul, l'Oligarchie ou pouvoir de quelques-uns, la Démocratie ou pouvoir de tous — la dernière est seule raisonnable et légitime, véritablement adéquate. La Souveraineté est la puissance suprême, supérieure aux lois mêmes, puisque celles-ci en émanent, et qui réside dans l'universalité des citoyens. Or dans le seul cas de la Démocratie, la Souveraineté réside réellement dans la masse de la nation. Dans les deux autres formes, il y a bien aussi un pouvoir qui détient l'épée de justice, mais c'est un pouvoir usurpé, illégitime, contre lequel « l'insurrection est le premier des droits et le plus sacré des devoirs ».

En dépit des déclamations des ignorants et des farceurs, les grands hommes sont plus nécessaires encore dans une Démocratie que dans n'importe quelle autre forme de gouvernement. La plus admirable république qui fut jamais, l'État le plus parfait qu'il ait été donné à notre espèce de contempler, dut cet éclat incomparable aux institutions démocratiques d'une part, de l'autre à PÉRICLÈS. Le réactionnaire Thucydide a bien pu dire à son sujet que, « si la démocratie subsistait de nom, on était en réalité sous le pouvoir d'un maître ». Il appartenait à cet illustre historien, mais à ce mauvais citoyen, partisan de l'Oligarchie, de calomnier à la fois et son pays et le génie incomparable dont le nom vivra éternellement comme celui du plus grand homme d'État dans tous les siècles. « Celui qui dans n'importe quel temps et n'importe quel pays, combat pour la cause du droit et de la liberté, dit le regretté Freeman, peut tressaillir d'orgueil et de joie en songeant qu'il marche dans la voie tracée par Solon, Clisthènes et Périclès. Ils y ont marché avant nous, mais personne n'y avait marché avant eux. » Quant à ceux qui pourraient objecter la courte durée de la puissance d'Athènes, on leur répondra, avec le même historien, qu'un seul jour du temps de Périclès vaut mieux qu'un siècle de la vie de plus d'une nation moderne.

Le nom de DANTON devait nécessairement figurer parmi ceux des vingt-quatre Héros de second rang. Sans doute, sa conduite dans l'affaire des Hébertistes sera un éternel sujet de regret pour les admirateurs du grand révolutionnaire. « L'homme d'État de 93, — confesse son éloquent et infatigable panégyriste, le Dr Robinet, — subit ici, comme l'Assemblée, la fatalité du moment; ne voyant plus assez loin ni d'assez haut, il ne put surmonter la domination sophistique de Rousseau et sacrifia à des exigences de comité, à des combinaisons et à des représailles de parti, la question si grave de la rénovation spirituelle de l'an II... Sans le prévoir et sans le vouloir, Danton rendit possible l'immolation de la Commune, l'arrêt du mouvement révolutionnaire, sa propre chute et la tyrannie de Robespierre. » Mais, coupable de s'être trompé, il n'a pas trahi, comme Mirabeau, — que l'on a pu citer seulement dans la section du Drame, en raison de son inoubliable éloquence ; — il ne s'est pas vendu et n'a pas gaspillé les fonds publics, comme tant d'aboyeurs l'en ont accusé sans preuves. Et comme, d'accord avec la Commune, il a fait le 10 Août et le 31 Mai, comme il a organisé le gouvernement révolutionnaire et, partant, contribué le plus au triomphe encore qu'éphémère de la Révolution, j'ai cru bon, moi, Hébertiste, de lui décerner les honneurs d'un décadi. Il ne s'agit en aucune façon de la plate théorie du bloc, mais bien de la réconciliation des deux seuls partis, tous deux rattachés aux Cordeliers, qui aient joué le grand rôle dans cette grande époque : les uns au point de vue politique avec Danton, les autres au point de vue philosophique et social avec Hébert et Chaumette. Le judaïque grand prêtre de l'Être suprême leur fit à tous couper la tête, comptant bien supprimer ainsi tout ce qu'il y avait de vital et d'énergique dans la Révolution. Il méritait d'ailleurs d'être Hébertiste, ce Danton qui s'écriait sous le couteau : « *Ma demeure sera bientôt dans le néant,* » ce qui est d'un pur athée. Et il ajoutait : « Quant à mon nom, vous le trouverez au panthéon de l'histoire ! » L'équitable postérité l'y a déjà placé ; elle l'y maintiendra.

Anacharsis Cloots apparaît, dit Gustave Tridon dans son immortelle glorification des Hébertistes, « comme le sceau de l'alliance entre la France et les peuples. Nul n'a sondé aussi avant dans les siècles, contemplé d'un point de vue plus élevé l'avenir de la République et du monde, n'a proclamé avec tant de foi le symbole de « Notre-Seigneur le Genre humain »... Homme des vastes utopies et des horizons sans limites, âme et cœur de poète, cet apôtre de la fraternité universelle, le premier, passe le Rhin avec l'olivier de paix. La fatale barrière, tant de fois rougie du sang des deux peuples, devient dans ses rêves la grande artère d'une même patrie habitée par des frères. Infortuné ! De ces deux peuples dont il médite l'éternelle union, l'Allemagne le proscrit; la France, à laquelle il se donne, le jette à l'échafaud. Baron prussien et riche, il échange ses millions et ses titres contre le nom de citoyen; il se fait l'ennemi des rois, le champion de l'opprimé, du pauvre, et son sang mouille le sol républicain sur lequel il était venu chercher l'hospitalité. Malédiction sur le sinistre pontife de l'Être suprême, qui a souillé d'un tel crime notre foyer, et immolé la victime innocente sur l'autel de Tauride! »

11e mois

THERMIDOR

Thermidor

<table>
<tr><td>CHARLEMAGNE</td><td></td><td>LA PATRIE</td></tr>
</table>

1.	*Primedi.*	Tyrtée.
2.	—	Miltiade.
3.	—	Camille.
4.	—	Manlius Capitolinus.
5.	*Quintidi.*	Léonidas.
6.	—	Épaminondas.
7.	—	Régulus.
8.	—	Philopœmen.
9.	—	Pompée.
10.	*Décadi.*	**CHARLEMAGNE.**
11.	—	Othon le Grand.
12.	—	Guillaume Tell.
13.	—	Jean Hunyade.
14.	—	Jeanne d'Arc.
15.	*Quintidi.*	Louis XI.
16.	—	Egmont et de Horn
17.	—	Guillaume le Taciturne.
18.	—	Sully.
19.	—	Oxenstiern.
20.	*Décadi.*	**CROMWELL.**
21.	—	Élisabeth.
22.	—	Catherine II.
23.	—	Kosciusko.
24.	—	D'Aranda.
25.	*Quintidi.*	Washington.
26.	—	Mazzini.
27.	—	Cavour.
2	—	Rossel.
29.	—	Gambetta.
30.	*Décadi.*	**GARIBALDI.**

Charlemagne — La Patrie

Afin de mieux prouver combien l'idée de Patrie, bien que nécessaire encore, est inférieure à celle d'Humanité, et de substituer à la haine absurde, impie, de peuple à peuple, l'idée de concorde et d'amour, j'ai choisi, pour présider à ce mois, le grand homme dont peuvent se réclamer au même titre ces deux « patries », l'allemande et la française, branches détachées toutes deux de la même race maîtresse, — l'Aryenne.

Car il faut qu'on cesse de se l'arracher de part et d'autre; il appartient également aux deux branches en question, qui ont tort de vouloir se l'approprier respectivement sous les noms de « Charlemagne » et de « Karl der Grosse ». De fait, il plane au-dessus de l'une et de l'autre, et la solution de l'antinomie pourrait bien être « Carolus Magnus », — ce grand homme ayant eu la glorieuse idée de rétablir l'Empire romain d'Occident. Et de fait, il l'a rétabli dans une certaine mesure, et le « Saint-Empire romain germanique » a duré jusqu'au jour où il a été détruit par Napoléon.

Cela seul suffirait pour maintenir Charlemagne au rang des Héros de l'Humanité. Sans doute l'empire fondé par lui n'a pas duré comme tel; il ne s'est maintenu que parmi ses congénères germains, — allemands, comme on dit aujourd'hui. Mais il a imprimé à cette portion germanique, comme à la partie gallo-romaine devenue depuis « la France », un cachet d'unité et de stabilité qui n'existait pas auparavant. Il a conquis à la civilisation, incorporé de fait à « l'Empire romain » ses congénères restés barbares. Il a enfin donné aux études littéraires une énergique impulsion, dont elles avaient tant besoin, — les clercs et moines du temps, les seuls gens à même de s'instruire, étant en proie à la plus crasse ignorance, effet de la plus indécrottable paresse.

Il a donc satisfait aux conditions qui constituent le grand homme en politique et qui consistent, pour lui, à exercer une action décisive non seulement sur son temps, mais sur les générations ultérieures.

Le cas est tout à fait différent pour Napoléon, qui, non, seulement n'a amené, en dernière analyse, que la ruine et l'invasion, mais encore n'a exercé sur son époque que l'action la plus détestable et la plus rétrograde, en arrêtant net la Révolution et en rétablissant la Religion. L'éclat de ses victoires a bien pu faire illusion et éblouir ses contemporains et la première génération après eux; l'opinion, mieux éclairée, surtout par des malheurs nouveaux, l'a définitivement et justement rayé du panthéon de l'histoire.

Puisque l'on met ici en relief les Héros des différentes patries, il faut bien reconnaître que nul n'a plus fait pour la sienne que le Lord Protecteur de la République d'Angleterre, d'Écosse et d'Irlande, OLIVIER CROMWELL. Il fut donné à celui-là, non seulement, comme dit Bossuet, « de prévaloir contre les rois », mais de traiter avec eux, lui, régicide, sur le pied de l'égalité. Il a fondé véritablement la grandeur de l'Angleterre; il a réalisé l'union définitive des trois royaumes, et, s'il se montra impitoyable envers les Irlandais, complices de la royauté et qui venaient de massacrer quarante mille personnes, y compris les femmes et les enfants, — il ne fut pas plus coupable que notre général Hoche, l'Irlande ayant été

alors la Vendée de l'Angleterre. Son puritanisme est sû-
rement désagréable; mais encore eut-il pour ami et pour
conseiller l'immortel Milton, le chantre de Satan et son
panégyriste. Enfin l'exécution du roi, provoquée et menée
à bien par Cromwell, fut, non pas une fantaisie de théo-
crates fanatiques, mais bien un acte raisonné et raisonnable de politique révolutionnaire, comme le prouve le
texte même de la condamnation, où il n'est parlé ni de
Dieu, ni des saints, ni de Samuel, ni du roi Agag, mais
seulement de tyrannie, de trahison et de massacres :
« Et pour toutes ces trahisons et pour tous ces crimes,
cette haute cour décide que ledit Charles Stuart, comme
tyran, traître, meurtrier et ennemi public du bon peuple
de ce pays, sera mis à mort par la séparation de sa tête
et de son corps. » Le fait d'avoir expulsé des Parlements
croupions n'est pas pour faire baisser Cromwell dans
notre estime. Rien ici du 18 Brumaire. Le coup de Cromwell est répété chez nous par le Directoire au 18 Fructidor ; il est répété par le peuple au 29 Juillet, au 24 Février, au 4 Septembre.

Il ne faut pas de rois, il ne faut pas de maître, mais il
faut des chefs, des héros dignes de ce nom. GARIBALDI en
fut un. A lui, à son initiative, à son audace, à son énergie
l'Italie doit d'être ce qu'elle est : une et indivisible.

L'histoire est trop récente pour qu'on y insiste ; nombreux sont encore les survivants des *Mille,* — ce noyau
qui fit la boule de neige, — de ces braves auxquels la
terre romaine a dû son premier et indispensable affranchissement. Car la gradation est telle, et il n'y a nul
moyen de sauter une étape : tout peuple doit d'abord
s'affranchir, le cas échéant, du joug étranger, puis de
son roi ou de son maître ; alors seulement il peut espérer
de se délivrer enfin du joug de l'Oligarchie capitaliste
pour voguer, libre et heureux, dans la haute mer du
Socialisme.

12ᵉ mois

FRUCTIDOR

Fructidor

 1. *Primedi.* Panthée.
 2. — Coriolan.
 3. — Hipparchia.
 4. — Portia.
 5. *Quintidi.* ARTÉMISE.
 6. — Arria.
 7. — Agrippine Ire.
 8. — Pauline.
 9. — Éponine.
10. *Décadi.* **HÉLOISE.**
11. — Lecœna.
12. — Stratonice.
13. — Anacréon.
14. — Catulle.
15. *Quintidi.* TIBULLE.
16. — Béatrice.
17. — Laure.
18. — Inez de Castro.
19. — Mme de Sévigné.
20. *Décadi.* **ASPASIE.**
21. — Mme de La Fayette.
22. — Adrienne Lecouvreur.
23. — Mlle de Lespinasse.
24. — J.-J. Rousseau.
25. *Quintidi.* L'abbé PRÉVOST.
26. — Lucile Desmoulins.
27. — Rollin.
28. — Heinicke.
29. — Valentin Hauy.
30. *Décadi.* **CORNÉLIE.**

Héloïse — L'Amour

Si j'avais admis dans ce Calendrier les personnages mythiques ou littéraires créés par l'imagination des peuples ou par le génie des poètes — créatures aussi réelles que les autres, au point de vue de la vie ou, plutôt, de l'immortalité subjective, la seule véritable, — j'aurais placé ce mois sous l'invocation de Vénus. J'entends ici la toute-puissante déesse, « volupté des dieux et des hommes, » par qui la terre produit les moissons, qui donne la vie à tous les êtres et les appelle à jouir de la lumière. L'Amour! s'il y a un dieu, le voilà! Sans lui tout périt; par lui tout se conserve et se renouvelle. Et il faut l'entendre sous toutes ses formes : d'abord comme la génération, comme l'attraction passionnelle en vertu de laquelle, selon la belle fantaisie de Platon, les deux moitiés de chaque être se recherchent pour se réunir de nouveau et se reproduire; puis comme le lien qui joint entre eux et à leurs auteurs les rejetons ainsi produits : amour maternel, amour filial, amour fraternel; enfin, comme le sentiment d'universelle bienveillance, de *Philia*, comme s'exprime Aristote, sans lequel il n'y a pas, à vrai dire, de société possible, au moins de société civilisée, *humaine*, où chacun vit pour tous afin que tous vivent pour chacun.

A défaut de Vénus ou d'Hélène, c'est sous l'invocation

d'Héloïse qu'est placé Fructidor, mois de l'Amour, d'Héloïse considérée non pas comme nonne, non pas comme chrétienne, mais comme le type glorieux de la femme aryenne et païenne, non contaminée par l'hypocrisie sémitique, comme l'amante éperdue et dévouée jusqu'à la mort et au delà; d'Héloïse criant à Abélard : « Oui! quand bien même Auguste, maître suprême de l'univers, voudrait m'honorer de son alliance et mettre à mes pieds l'empire du monde, je serais plus heureuse et plus fière d'être appelée ta maîtresse que sa femme et son impératrice! *Charius et dignius mihi videretur tua dici meretrix quam illius imperatrix.* » Et encore : « En toi, je ne cherchai que toi, rien de tes biens, mais toi-même! Je n'ambitionnai nul avantage, pas même le lien du mariage; je ne songeai, tu ne l'ignores pas, à satisfaire ni mes volontés, ni mes voluptés, mais les tiennes. Encore que le nom d'épouse soit trouvé plus saint et plus solide, je trouvai toujours plus doux celui de ta maîtresse, et, le dirai-je sans te choquer, de ta concubine et de ta fille de joie; espérant que plus je me ferais petite, plus je m'élèverais en grâce et en faveur auprès de toi, et que, bornée à ce rôle, j'entraverais moins tes glorieuses destinées. »

La lettre dont ces phrases sont extraites restera comme un monument éternel de l'amour complet, à la fois charnel et mental, plein d'ardeurs enragées et d'abnégation sans limites, qui doit être le propre de la femme digne de ce nom. Belle comme une jeune déesse et savante comme une Muse, familière avec les poètes et les philosophes anciens, Héloïse a réalisé un idéal dont n'approcheront jamais les Clorindes soi-disant patriotes, proposées de nos jours, par les farceurs, à l'admiration des imbéciles.

Si je n'avais pas craint de multiplier les mois décorés du nom de Grecs illustres, j'aurais pu donner aussi la première place à la femme admirable, aussi savante que séduisante, qui fut la digne épouse du plus grand des hommes d'État dans tous les temps. « Périclès épousa Aspasie, et il l'aima éperdument, » dit Plutarque. La louange est sans limites et ne saurait être surpassée. Car, ainsi que je l'ai dit ailleurs : « Nulle époque n'apparaîtra jamais plus radieuse aux yeux de la postérité éclairée que celle où Périclès marchait dans sa douceur et sa sérénité, à la tête de la démocratie athénienne, glorieuse et libre ; où la divine et sage Aspasie, aux cheveux couleur d'un rayon de miel, montait à l'Acropole pour rendre hommage à la seule déité secourable, à la Raison, divinisée par Phidias dans le « temple de la Vierge », dans le Parthénon ; où, s'il y avait des esclaves, il n'y avait pas de prolétaires, cette forme nouvelle et également odieuse du servage ; où tout Athénien était citoyen ; où Jérusalem n'avait pas encore abattu sur nous sa main crochue et inexorable ; où Athènes, couronnée de violettes, la vraie cité sainte, paraissait comme la gloire et la lumière du monde. »

Nulle héroïne n'était plus digne enfin de représenter l'amour maternel que cette illustre Romaine, Cornélie, mère des Gracques, qui les montrait enfants comme ses bijoux les plus précieux, et qui, parlant, bien longtemps après, des temples sacrés bâtis sur les lieux mêmes où ils étaient tombés martyrs, s'écriait : « Ils ont les tombeaux qu'ils méritent ! » Voulant dire par là qu'ils avaient sacrifié leur vie au plus noble but, le bonheur du Peuple.

J'ai voulu, enfin, dans ce mois, consacré à l'Amour, donner une place d'honneur à l'auteur immortel de *Manon Lescaut*. Des pédants ont osé soutenir que c'était le type du roman chrétien, parce qu'on y voyait le triomphe de la justice distributive ! La vérité est que c'est ici le type du roman païen, humain, dirons-nous ; la vérité est qu'il n'y avait pas d'autre fin possible à ce drame du cœur, à cette adorable Manon — qu'on ne pouvait voir sans l'aimer à la folie — semblable en cela à l'incomparable Hélène, dont les vieillards troyens disaient, discoureurs infatigables, semblables à des cigales, qui, perchées sur la cime des arbres, laissent entrevoir leurs formes grêles : « Quoi d'étonnant à ce que les Troyens et les Grecs, pour une telle femme, aient souffert tant et de si longs maux ! »

JOURS COMPLÉMENTAIRES

Jours complémentaires

1. *Primedi.* Fête de la Victoire.
2. *Duodi.* Fête de la Liberté.
3. *Tridi.* Fête de l'Égalité.
4. *Quartidi.* Fête de la Concorde.
5. *Quintidi.* Fête des Récompenses.

Dans les années sextiles (la dernière de chaque olympiade à partir de l'an centième, CIV, CVIII, CXII, etc.) :

6. *Sextidi.* Fête de la Révolution.

Jours complémentaires

Par la « Victoire », on entend ici le succès, et, en réalité, la FORCE. « Tous les désastres de la démocratie, dit excellemment Gustave Tridon, viennent de son mépris pour la force : sans elle rien ne se fonde et rien ne se renverse; elle ne peut être vaincue que par elle-même. C'est la lance d'Achille et la massue d'Hercule. »

Voilà trop longtemps qu'on nous berne avec des « *gloria victis* » et autres fadaises de même farine; trop longtemps que des sophistes « vertueux » s'en vont répétant sur tous les tons : « Le droit prime la force ! Sois pur et rectiligne ! Fais ce que dois, advienne que pourra ! » Eh bien, non; il faut se préoccuper surtout de ce qui adviendra, il faut préparer le succès. Le peuple est saturé jusqu'à la nausée de ces maximes énervantes, de ces aphorismes imprégnés de tartuferie kantiste et judaïque, au nom desquels on le mène sans cesse à la boucherie, jamais à la victoire. Qu'on l'entende bien! Le Droit périt quand il n'a pas la Force à son service.

C'est pourquoi la première de ces fêtes devra se célébrer sur l'autel de la Victoire. Les autres n'ont pas besoin d'explication.

BIBLIOTHÈQUE MATÉRIALISTE

ET

SOCIALISTE

Bibliothèque Matérialiste

et

Socialiste

On prétend donner ici une liste des ouvrages essentiels à posséder pour quiconque veut avoir des « clartés de tout » et devenir un socialiste digne de ce nom, édifiant ses théories sur l'ensemble des connaissances humaines scientifiquement systématisées, c'est-à-dire sur la Philosophie matérialiste, base de toute culture et de toute perfection. La croyance en Dieu, qu'on ne l'oublie pas, est désormais incompatible avec toute haute fonction politique ou sociale.

Les listes suivantes ne sont, d'ailleurs, nullement exclusives, et chacun est libre de les allonger. On ne veut pas proscrire, — encore moins brûler! — les livres qui ne figurent pas ici; on a seulement voulu constituer le « noyau central », fournir la base d'opération, indispensable et suffisante. En d'autres termes, on peut se procurer autant de livres qu'on voudra, *mais il faut avoir tous ceux-ci.*

IL est nécessaire de les lire, autant que faire se pourra, dans l'original : cela est même indispensable pour certains poètes, tels que Shelley. Il n'y a pas lieu de tenir compte des sottises débitées à cet égard par les Juifs et les Sémitisés, détracteurs systématiques et intéressés de la culture aryenne; il suffit de citer l'argument de l'un d'entre eux, prétendant qu'autant valait lire l'*Iliade* dans la traduction, et qu'après tout on avait *Télémaque!!* Le but n'est pas d'arriver à ce que les bourgeois ne puissent plus entendre Horace — c'est déjà fait! — mais à ce que les artisans mêmes aient le loisir de l'étudier et le plaisir de le comprendre.

8

Pour les livres de sciences et de philosophie, on peut, d'une façon générale, se contenter de la traduction. Cependant il y a un abîme entre le texte latin de Spinoza, par exemple, et la version de M. Saisset, et, quant aux ouvrages d'une lecture très difficile, j'affirme que pour comprendre la *Critique de la Raison pure*, par exemple, on aura plus tôt fait d'apprendre l'allemand et d'étudier le texte que de s'en rendre compte à l'aide de la meilleure traduction française.

On donnera cependant les titres en français pour tous les ouvrages traduits : il sera toujours facile à ceux qui connaissent les langues étrangères de se procurer l'original.

I. — PHILOSOPHIE

(SYNTHÈSE SCIENTIFIQUE, ETC.)

On ne s'est pas toujours conformé à l'ordre chronologique dans l'énumération des ouvrages, qui sont indiqués, toutes les fois que cela est nécessaire, dans celui qu'on doit suivre pour les étudier.

Les livres et manuels relatifs aux sciences en particulier, de même que les grammaires, ne pouvaient trouver place ici. C'est affaire d'enseignement, primaire ou secondaire; de même pour les détails de la Médecine et du Droit, qui sont des cas spéciaux de l'Enseignement supérieur.

Qu'on ne l'oublie pas, d'ailleurs : l'assise solide, indispensable, sur laquelle viendra, en second lieu, se superposer l'Enseignement scientifique, c'est l'Enseignement classique. J'emploie à regret cette dernière épithète qui, chez nous malheureusement, rappelle Boileau et Crébillon. Mais il s'agit en réalité d'Eschyle et d'Aristote, de Tacite et de Lucrèce, c'est-à-dire des plus grands génies qui aient jamais honoré l'esprit humain. Faute d'une telle culture, les gens les mieux doués sont incapables d'écrire un chef-d'œuvre; d'autres, d'un génie très médiocre, sont parvenus, grâce à elle, à devenir académiciens, qui, sans un pareil secours, ne seraient jamais sortis de la crotte. C'est la moelle des lions, qui a fait la force des grands

Révolutionnaires, et dont les Juifs et leurs complices inconscients voudraient priver la Démocratie pour en avoir plus facilement raison. Après de bonnes Humanités, il faut étudier les Mathématiques, y compris l'algèbre, au moins jusqu'au « Binôme de Newton » : c'est la meilleure « logique » et sans laquelle il n'y a pas de véritable esprit scientifique. Enfin, comme couronnement, l'étude de la Biologie, au moins de l'Anatomie et de la Physiologie.

BÜCHNER (Dr L.).—**Force et Matière**, 15e édit. allemande, entièrement refondue et augmentée de cinq nouveaux chapitres, traduite par A. Regnard, 6e édit. française. Paris, Reinwald, 1884. — La première édition allemande parut à Francfort-sur-le-Mein en 1855, la première traduction en 1863. Le moment précis de son apparition vit commencer chez nous l'agonie du spiritualisme et la renaissance de la doctrine opposée. Ce n'est pas sous l'influence de M. Renan, comme on l'a dit mal à propos, c'est sous l'action de la philosophie scientifique et matérialiste, admirablement résumée et remise en honneur par Büchner, que se fit le grand mouvement régénérateur et révolutionnaire de la fin de l'Empire, mouvement qui entraînait toutes les intelligences quand la catastrophe définitive vint y mettre un terme. On ne saurait trop regretter qu'il ne se soit pas produit plus tôt. Mais on ne renouvelle pas la face du monde en cinq ans. La masse n'avait pas été touchée; aussi roula-t-elle irrémédiablement dans l'abîme creusé par soixante années de corruption judaïque, spiritualiste et monarchique.

DARWIN (Charles). — **De l'origine des espèces par le moyen de la sélection naturelle** *ou* **De la conservation des races les plus favorisées dans la lutte pour la vie.**—La première édition anglaise parut à Londres, chez Murray, en 1859. Traduction par Barbier, chez Reinwald.

— **La Descendance de l'homme et la Sélection par rapport au sexe.** 1re édit. à Londres, Murray, 1871, traduite par Moulinié, avec préface de Carl Vogt; 2 vol. in-8e avec gravures. Paris, Reinwald, 1882. — L'œuvre capitale de l'auteur. Voy. l'appréciation de Darwin au mois de nivôse.

HAECKEL. — **Histoire de la création des êtres organisés**, traduite par le Dr Letourneau sur la 7e édit. Paris, Reinwald. 1 vol. in-8o avec planches. — La première édition allemande de ce livre indispensable a paru à Berlin en 1868.

LUCRÈCE. — **Lucretii Cari De natura rerum** (Ier siècle avant l'ère vulgaire). — Se procurer l'admirable édition Munro, en 3 vol. in-8o, Cambridge, Deighton Bell, 4e édit., 1886 et la traduction d'André Lefèvre. — Voy. l'appréciation de Lucrèce au mois de floréal.

BACON. — **Novum Organum.** Londres, 1620. —Réimpressions nombreuses. On peut trouver d'occasion la traduction des œuvres philosophiques, morales et politiques de Bacon, dans la collection du Panthéon littéraire. Paris, Desrez, 1836.

SPINOZA. — **Opera omnia.** — Son premier ouvrage original, le *Tractatus theologico-politicus*, parut à Hambourg en 1670. Il y a une très belle édition moderne des œuvres complètes sous ce titre : *Benedicti de Spinosa quotquot reperta sunt.* Recogneverunt J. Van Wloten et J.-P.-N. Land. Hagæ comitum (La Haye), apud Martinum Nijhof. 2 vol. gr. in-8°, 1882. Comme traduction française, celle de Saisset (Charpentier, 3 vol. in-18). Se dispenser d'acheter et surtout de lire le premier volume, qui ne renferme qu'une détestable dissertation du traducteur contre le grand homme qu'il trahit.

NEWTON. — **Philosophiæ naturalis principia mathematica.** Londres, 1686, 2° édit. très augmentée, 1713. Traduit par M™° du Châtelet en 1750. — « Ouvrage immortel, dit Naigeon, et l'un des plus beaux que l'esprit humain ait jamais produits. » Voy. l'appréciation de Newton au mois de nivôse.

LOCKE. — **Essai sur l'entendement humain.** Londres, 1690.

BAYLE (Pierre). — **Dictionnaire historique et critique.** Rotterdam, 1696. — Œuvre extraordinaire, colossale, d'un esprit libre autant que solide ; source inépuisable de renseignements accumulés en nombre infini, avec une précision, une exactitude, une sûreté de coup d'œil qui ne se sont plus retrouvés depuis. En dépit de la publication, soi-disant plus commode, en 16 vol. in-8°, je préfère de beaucoup l'édition in-folio. Il faut choisir la troisième, dont voici le titre exact : *Dictionnaire historique et critique*, par M. Pierre Bayle, 3° édit., revue, corrigée et augmentée par l'auteur. A Rotterdam, chez Michel Bohm, MDCCXX. 4 vol. in-folio. Le tome I doit s'ouvrir par la dédicace au duc d'Orléans, le titre étant formé de lettres rouges et noires, et dans le tome II on doit trouver les deux vies de David entières.

LA METTRIE. — **L'Homme-Machine.** Leyde, 1748. — Asséza a donné de cet intéressant et très scientifique ouvrage une très bonne édition, avec l'éloge de l'auteur par Frédéric le Grand. Paris, Frédéric Henry, 1865, in-16.

HELVÉTIUS. — **De l'Esprit**, 1758. Paris, chez Durand, 1 vol. in-8°. — Voy. l'appréciation d'Helvétius au mois de frimaire.

D'HOLBACH. — **Système de la Nature** *ou* **Des Lois du monde physique et du monde moral,** par M. Mirabaud, secrétaire perpétuel, l'un des quarante de l'Académie française. A Londres, 1770. — Il importe de ne pas se laisser induire en erreur par le nom de ce très réel Mirabaud, comme cela est arrivé à des gens qu'on aurait pu croire sérieux. Voy. l'appréciation de d'Holbach au mois de vendémiaire.

— **Essai sur les préjugés,** 1770. — On trouve facilement les éditions ultérieures de cet excellent petit livre, surtout celle de 1822. Paris, Niogret, 1 vol. in-16.

DIDEROT. — **Œuvres complètes,** édit. Garnier, 20 vol. in-8°. — Voy. l'appréciation de Diderot au mois de brumaire.

VOLTAIRE. — **Œuvres complètes,** édition Garnier, 52 vol. in-8°. — L'édition Lahure (Hachette), en 35 vol. à 1 franc, est très suffisante. Elle est malheureusement épuisée, mais se trouve encore d'occasion. — Voy. l'appréciation de Voltaire au mois de frimaire.

D'ALEMBERT. — **Discours préliminaire de l'Encyclopédie,** 1751. — 1 vol. de la Bibliothèque nationale.

CABANIS. — **Rapports du physique et du moral de l'homme.** Paris, 1802. — On trouve assez aisément « sur les quais » les œuvres de Cabanis en 4 vol. (1823). Que si l'on achète l'édition publiée chez Masson, en 1855, par le Dr Cerise, il faut se garder de lire l'introduction ridicule dudit docteur, Buchézien, c'est-à-dire néo-chrétien et réactionnaire, qui ne cesse de dénigrer ce livre admirable, auquel il n'a rien compris, et qu'il aurait bien dû, au moins, ne pas éditer.

DESTUTT DE TRACY. — **Éléments d'Idéologie.** Paris, 1801-1815. — Excellent livre, trop négligé aujourd'hui. On trouve facilement une édition en 6 vol. in-16. Paris, chez Mᵐᵉ Levi.

BLANQUI (Auguste). — **L'Éternité par les astres.** Paris, 1872.

QUÉTELET. — **Physique sociale ou essai sur le développement des facultés de l'homme.** Bruxelles et Paris, 2 vol. gr. in-8°, 1869. — La première édition en 1835. — Ouvrage unique au point de vue de l'application de la statistique à toutes les manifestations de la vie humaine.

STUART MILL (John). — **Auguste Comte et le Positivisme,** traduit par G. Clémenceau. Paris, Germer-Baillière, 1868. — Très remarquable exposé de cette philosophie positive dont tant de gens parlent sans la connaître, philosophie agnostique, émancipée de toute conception théologique proprement dite. Mais, poussant le point de vue subjectif à ses limites les plus extrêmes, elle arrive, en dernière analyse, au scepticisme, et, pour ce qui concerne la morale, à une sorte de stoïcisme bouddhique, le tout ayant quelque ressemblance avec la philosophie de Schopenhauer. Beaucoup plus ferme en politique, par une flagrante mais heureuse inconséquence, Auguste Comte auquel on doit la belle formule : « *réorganiser sans Dieu ni Roi* », se prononce nettement pour la Force révolutionnaire, quoiqu'il répudie le terme. Son successeur, le distingué Pierre Laffitte, aura toujours droit à notre reconnaissance, pour avoir si heureusement formulé cette autre vérité capitale : « *La richesse est sociale dans sa source, elle doit être sociale dans sa destination.* » Enfin, tout le monde doit connaître les beaux travaux, cités plus loin, du Dr Robinet sur Danton. Quant à Littré, il faut se servir de son dictionnaire pour apprendre le français, mais jamais de ses ouvrages pour se rendre compte de la Philosophie positive, dont il ne fut qu'un disciple dissident, beaucoup plus intolérant et arbitraire, en somme, que la plupart des véritables Comtistes.

BERTHELOT. — **La Synthèse chimique.** Paris, Alcan, 6ᵉ édit.

GAVARRET. — **Les Phénomènes physiques de la vie** (Physique biologique). Paris, Masson, 1869. — Digne de prendre place à côté des chefs-d'œuvre du genre.

LEROY (Georges). — **Lettres sur les animaux,** 1762-1781. — On trouve encore l'édition de Poulet-Malassis, avec une très intéressante étude du Dr Robinet (Paris, 1862).

BROUSSAIS. — **De l'Irritation et de la Folie.** — La première édition, en 1 vol., 1828.

SOURY (Jules). — **Les Fonctions du Cerveau.** Paris, au *Progrès Médical*, 2e édit., 1 vol. in-8°, 1892. — Exposé complet des plus récentes découvertes, vivifié par la critique originale de l'auteur. Écrit avec la plume de Cabanis et de Bichat, ce livre, le meilleur qui ait paru depuis longtemps sur la matière, énonce nettement et sans réticences les conclusions les plus hardies — et d'ailleurs les mieux justifiées — de la science moderne.

RIBOT (Th.). — **L'Hérédité psychologique.** Paris, Alcan, 2e édit., 1 vol. in-8°, 1882. — Excellent livre, également indispensable.

— **Les Maladies de la Volonté.** Paris, Alcan, 1884.

MARC. — **De la Folie considérée dans ses rapports avec les questions médico-judiciaires.** Paris, J.-B. Baillière, 2 vol. in-8°, 1840. — — Très bon ouvrage, écrit dans un esprit vraiment philosophique et humain. Se trouve facilement d'occasion.

MAUDSLEY. — **Le Crime et la Folie.** Paris, Alcan, 3e édit. — Les personnes qui auront pris la peine de lire cet ouvrage, ainsi que ceux précédemment cités de Jules Soury et de Ribot, resteront convaincues de cette vérité, à savoir : que dans l'immense majorité des cas, les criminels sont, au point de vue de la structure de leur cerveau, de véritables monstres. Si Lombroso a gâté une excellente œuvre en se laissant aller à des hypothèses absolument anti-scientifiques à propos du génie et de la folie et des soi-disant crimes politiques, il n'en a pas moins rendu un immense service, avec toute cette glorieuse École italienne qui remonte à Beccaria, — en appelant l'attention d'une façon précise sur cet ordre de faits. La Société, d'ailleurs, a sa part dans la production des criminels, par l'état de misère impitoyable dans lequel elle laisse croupir tant de familles pendant des générations successives. Dans tous les cas, les membres de cette École qui, en vertu de la théorie imbécile de la « bête féroce », se prononcent contre l'abolition de la peine de mort, mentent à l'esprit de l'École elle-même et trahissent Beccaria. Étant donné que cette peine n'a aucune influence sur la diminution des crimes, il importe de renoncer au plus vite à égorger officiellement et de sang-froid des misérables dignes de pitié au moins autant que de dégoût. D'autre part, tout individu est responsable du dommage causé par son fait, quelle que soit la cause interne ou externe qui détermine sa volonté. En vertu du droit de punir, qui repose uniquement sur l'intérêt général, tout meurtrier devra être mis hors d'état de nuire et enfermé pour le reste de ses jours, la Folie même ne pouvant pas être considérée comme une excuse. Telles sont, au moins, les conclusions que j'ai pu faire adopter par le Congrès international des Libres Penseurs, tenu à Anvers en 1885.

DIOGÈNE LAERCE. — **Vies des Philosophes de l'antiquité.**

II. — POLITIQUE SCIENTIFIQUE

J'appelle ainsi la science qui traite de la Société considérée dans son développement, dans son organisation et dans ses lois.

Aristote, le plus grand parmi les Héros de l'Humanité, fut le premier à l'envisager comme une science distincte, dans ce traité où se trouvent inscrits et développés tous les principes essentiels dont les contemporains s'attribuent généralement la découverte : traité qui restera comme un monument impérissable du génie humain, et tel qu'il ne sera probablement jamais surpassé. C'est à la suite d'une étude approfondie de ce livre merveilleux que je me déterminai, il y a plus de vingt ans, à restituer à cette science le titre sous lequel elle a été décrite par son immortel fondateur. Il a fallu ajouter l'épithète « scientifique » pour la distinguer de la politique pratique, qui n'en est qu'un cas particulier. Ce mot de « Politique », du mot grec πολίτης, citoyen, est, dans tous les cas, mille fois préférable à l'expression barbare de « Sociologie », résultant de l'accouplement contre nature du latin *socius* avec le grec λόγος.

La Politique scientifique comprend :

A. L'*Ethnographie comparée*, embrassant l'étude de la Culture et des Religions, non seulement chez les peuplades sauvages, — qui ont occupé, jusqu'ici, dans une pareille étude, une place disproportionnée, — mais encore, et surtout, chez les Races supérieures, l'Aryenne d'abord, puis la Sémitique et la Touranienne.

B. La *Politique* et la *Morale*, avec le *Socialisme* (*Question sociale*).

C. L'*Histoire*.

A. ETHNOGRAPHIE COMPARÉE

(RACES, CIVILISATIONS, RELIGIONS)

LYELL (Sir Charles). — Manuel de géologie, traduit par Hugard. 2 vol. Paris, Garnier, 1864.

HUXLEY (Thomas-Henri).— De la place de l'homme dans la nature, traduit par E. Dally. Paris, 1868.

BROCA (Paul). — Article **Anthropologie** dans le *Dictionnaire ency-clopédique des sciences médicales.* Paris, Masson, 1867. Les véritables principes de la Science des races sont posés dans cette étude magis-trale, que les anthropologistes et les linguistes ont malheureusement trop perdue de vue.

BUCHNER (D. L.). — L'Homme selon la science, traduit par Letour-neau. 3ᵉ édit., Paris, Reinwald, 1878.

LUBBOCK (Sir John). — Les Origines de la Civilisation. — Tra-duction Barbier, 2 vol. in-8°. Paris, Alcan, 1877.

DAWKINS. — Early man in Britain. London, Macmillan, 1880. — La meilleure publication sur la matière.

MAC LENNAN. — Studies in ancient History. — Renferme, entre autres, son travail capital, base de tous les mémoires qui se sont succédé depuis sur la matière et intitulé : *Primitive Marriage.* London, 1876.

MAX MULLER. — La Science du Langage. Cours professé à l'Ins-titution Royale de la Grande-Bretagne en 1861. Traduit par Harris et Perrat sur la 8ᵉ édit. anglaise. Paris, Durand, 1876. — Excellent pour la linguistique, très faux au point de vue philosophique.

GOBINEAU (Comte de). — Essai sur l'inégalité des Races humaines. Paris, 1854; réimprimé en 1884, chez Didot, 2 vol. in-18. — Livre inappréciable, suggestif au plus haut degré. Se défier seulement de la phraséologie de l'auteur, et de certaines théories fantaisistes, excu-sables en 1854, époque à laquelle la doctrine des Races n'était pas encore établie, comme aujourd'hui, sur des bases inébranlables.

MICHELET. — Bible de l'Humanité. Paris, Chamerot, 1864.

TIELE (C.-P.). — Manuel de l'Histoire des Religions. Traduit du hollandais par Maurice Vernes. Nouvelle édition; Paris, Leroux, 1885. — Indispensable.

SAYCE (A.-H.). — Lectures on the origin and growth of religion as illustrated by the religion of the ancient Babylonians. London, Norgate, 1887. — La meilleure source de renseignements sur la matière; très précieux aussi pour l'étude des religions sémitiques.

REGNARD (Albert). — **Aryens et Sémites ; le Bilan du Judaïsme et du Christianisme.** T. I⁰ʳ, Paris, Dentu, 1890. — On ne me prêtera pas, je l'espère, la ridicule intention de vouloir m'égaler aux grands noms cités ici. Mais, faisant, avant tout, œuvre de propagande et désirant répandre les idées qui me sont chères, je n'hésite pas à recommander la lecture de ceux de mes ouvrages où elles sont plus spécialement exposées.

DECHARME. — **Mythologie de la Grèce antique.** Paris, Garnier, 1879. — Très bon ouvrage, très savant et d'une lecture facile.

HUNTER (W.-W.). — **The Indian Empire, its history, people and products.** London, Trübner, 1882. — Dans ce livre, unique dans son genre, de l'ancien directeur de la Statistique pour le gouvernement de l'Inde, on trouvera tous les détails désirables sur la civilisation et la religion des Aryens de l'Hindoustan, sur les *Védas*, etc.

HOVELACQUE. — **L'Avesta, Zoroastre et le Mazdéisme.** Paris, 1875.

MÉNARD (Louis). — **Du Polythéisme hellénique.** Paris, Charpentier, 1863. — Admirable petit livre, juste tribut de louanges sans bornes payé à la Grèce, à ses poètes et à ses artistes.

RENAN (Ernest). — **Histoire générale et système comparé des langues sémitiques.** 5ᵉ édition, Paris, C. Lévy, 1879. — Ce monument admirable de science, d'érudition et d'esprit philosophique, en dépit d'erreurs de détail attribuables à la date de son apparition (1ʳᵉ édition en 1855), restera comme le plus beau fleuron de la couronne de l'auteur. Heureux si le savant dont le monde déplore la perte récente n'eût jamais publié cette *Histoire d'Israël*, concession lamentable et injustifiable faite à la juiverie.

VOLTAIRE. — Dans ses œuvres complètes, outre les articles **Juifs** et autres du *Dictionnaire philosophique*, lire surtout : **l'Examen important de milord Bolingbroke ; Dieu et les Hommes ; un Chrétien contre six Juifs ; Histoire de l'établissement du Christianisme.**

MOVERS. — **Die Phoenizier.** Bonn, 1841. — Répertoire inépuisable et indispensable.

RICHARD ANDRÉE. — **Volkskunde der Juden.** Leipzig, 1881. — Très importante étude sur l'ethnologie des Juifs.

GELLION-DANGLAR. — **Les Sémites et le Sémitisme.** Paris, Maisonneuve, 1 vol. in-18, 1882. — Voici ce qu'écrivait en 1867 notre ancien et regretté collaborateur, Gellion-Danglar, à une époque où tous les esprits vraiment émancipés étaient d'accord sur cette question capitale, question de vie ou de mort pour la civilisation : « Le rameau arian (Aryen) ou indo-européen a seul produit les grandes civilisations et possède seul la notion de la justice et la conception du beau... Le Sémite, homme de proie dans les déserts de l'Arabie, héroïque dans un certain sens, devient un vil intrigant dans la société, quelques-uns arrivent à être ministres et favoris des rois... Tous traitent en pays conquis le coin de la terre où ils se sont arrêtés et le dévastent impitoyablement... Le but que doit se proposer toute société aryenne qui veut vivre, c'est de se purifier du Sémitisme qui a infecté tous ses organes et jusqu'à sa moelle. Quand on sait quel est l'ennemi et où il est, la victoire est proche et facile. Nous connaissons l'ennemi, nous ne lui ferons pas de quartier » (*La Libre Pensée*, numéro du 20 janvier 1867).

TRIDON (Gustave). — Du Molochisme juif, études critiques et philosophiques. Bruxelles, Maheu, 1884. — Dans cette remarquable étude écrite en 1867 et publiée treize ans après sa mort, l'ancien membre de la Commune de Paris a contribué pour une large part à la démonstration de cet axiome formulé par lui et que j'ai pris pour épigraphe de mon ouvrage : « Les Sémites! C'est l'ombre dans le tableau de la civilisation, le mauvais génie de la terre. Tous leurs cadeaux sont des pestes. Combattre l'esprit et les idées sémitiques est la tâche de la race aryenne. »

D'HOLBACH. — Le Christianisme dévoilé. — Inséré dans l'édition en 6 volumes des *Œuvres de Boullanger*. Amsterdam, 1794. — « Brigands, usurpateurs et meurtriers, dit l'auteur, les Hébreux parviennent enfin à s'établir dans une contrée peu fertile (le pays de Canaan)..., la Religion unie à l'avidité étouffa chez eux le cri de la nature. Leur fureur, dictée par le ciel même, n'épargna ni les enfants à la mamelle, ni les villes où ces monstres portèrent leurs armes victorieuses. »

RENAN (Ernest). — Histoire des Origines du Christianisme. 7 volumes in-8° avec un index. Paris, Lévy, 1863-1883. — Ouvrage indispensable, le meilleur sur la matière, admirable surtout en ce qui concerne l'histoire de l'Empire romain. La célèbre « Vie de Jésus » en est la partie, à tous égards, la plus défectueuse et la moins intéressante. Pourtant, c'est dans ce volume que l'auteur a proclamé cette vérité primordiale : « L'intolérance chrétienne est un fait juif, en ce sens que le Judaïsme dressa pour la première fois la théorie de l'absolu en matière de foi, et posa le principe que tout individu détournant le peuple de la vraie religion, même quand il apporte des miracles à l'appui de sa doctrine, doit être reçu à coups de pierres, lapidé par tout le monde, sans jugement... Le Pentateuque a été le premier code de la terreur religieuse. »

HAVET (Ernest). — Le Christianisme et ses origines. 4 vol. in-8°. Paris, C. Lévy, 1872-1884.

SOURY (Jules). — Jésus et les Évangiles. Paris, Charpentier, 1878. — A part l'hypothèse discutable de la folie de Jésus, cet « Évangile » de M. Jules Soury est le plus simple, le plus clair et le plus près de la vérité.

RÉVILLE (Jean). — La Religion à Rome sous les Sévères. Paris, Leroux, 1886. — Très consciencieux ouvrage et très suggestif.

FEUERBACH. — Essence du Christianisme, trad. par Joseph Roy. Paris, Lacroix, 1864. — L'édition originale en 1841.

HARTMANN (E. Von). — Das Judenthum, in Gegenwart und Zukunft. Leipzig, 1885. — Importante étude, renfermant, entre autres choses excellentes, ces lignes qu'on ne saurait trop méditer : « La Juiverie

(*das Judenthum*, exactement le Judaïsme) n'a pas créé, mais seulement utilisé le Capitalisme; s'étant habituée à identifier ses intérêts
avec ceux du Capitalisme, elle les trouvera d'autant plus lésés que
le système d'économie socialiste se substituera plus complètement
au système capitaliste et que la rente s'affaissera. La Juiverie n'a
donc pas d'ennemi plus réel que le Socialisme — et non pas seulement le Socialisme d'État — et pas d'ami plus sûr que la guerre
qui, en détruisant les capitaux accumulés dans les dernières
années, fait remonter de plus en plus le taux de l'intérêt en train de
s'abaisser. »

DRUMONT (Edouard). — **La France juive.** Paris, Marpon et Flam-
marion, 2 vol. in-18, 1886. — Ce livre, « malgré ses blasphèmes et ses
erreurs », et dont aujourd'hui on ne compte plus les éditions, a eu
l'immense mérite de ramener l'attention d'une génération trop indif-
férente, sur un de ces problèmes d'intérêt primordial dont la solution
importe le plus au bonheur du genre humain. En faisant jouer la
mine dans tous les coins sous le Judaïsme, ce démolisseur forcené
ne s'est pas aperçu qu'il ruinait du même coup le Christianisme. Et
c'est par là que ce livre nous plaît, et aussi parce que M. Drumont
n'a pas hésité à rappeler cette éclatante vérité à propos de la race
aryenne : « Elle possède seule la notion de la Justice, le sentiment
de la Liberté, la conception du Beau. » Il nous plaît enfin par ses
violentes attaques contre cet autre produit immédiat du Sémitisme,
— le Capitalisme; — par les invectives contre ce régime de sauvage
concurrence, contre l'infamie des tripoteurs de la Bourse, contre
l'insolence des milliardaires ; et d'autant plus que les coups de fouet
ne vont pas cingler le visage des [seuls fils d'Israël, mais d'un tas
d'agioteurs incirconcis, judaïsés par le Christianisme.

B. POLITIQUE ET MORALE. — SOCIALISME

ARISTOTE. — **La Morale à Nicomaque.** — La seule qui soit véritablement d'Aristote, les deux autres (Morale à Eudème et Grande
Morale) devant être attribuées à des disciples plus ou moins fidèles.
Pour le texte, la meilleure édition, avec notes et commentaires,
aussi complets qu'intéressants, est celle de Grant : *The Ethics of
Aristote illustrated with essays and notes,* by Sir Alexander Grant.
London, Longman, 4ᵉ édition, 2 vol. in-8°, 1885. — La meilleure traduction est celle de Thurot (Paris, Didot, 1824; se trouve d'occasion
assez facilement). Je ne voudrais pas médire de M. Barthélemy Saint-
Hilaire qui, le premier, nous a dotés d'une traduction complète des
œuvres du plus grand des philosophes; mais il faut absolument s'en
interdire la lecture, pour ce qui concerne la Morale et la Politique. Spiritualiste et partant rétrograde, ennemi déclaré d'Aristote,
qu'il combat dans d'interminables préfaces, il ne pouvait que le trahir
en le traduisant.

ARISTOTE. — **La Politique.** — La meilleure édition est celle de Richard Congreve (London, 1 vol. in-8°, 1855), riche de notes et de commentaires excellents. A son défaut, le texte de Becker, de Berlin, le grand éditeur d'Aristote. Il y a des éditions détachées de *la Politique*. La meilleure traduction est celle du citoyen Champagne, dans la collection Charpentier (*ancienne, 1843*). Ensuite, la traduction de Thurot. Il s'agit ici d'un livre admirable, tel qu'on n'en a plus jamais écrit de pareil, à beaucoup près, et qui aujourd'hui même est encore le meilleur et, à coup sûr, le premier guide à consulter. — Voy. l'appréciation d'Aristote au mois de vendémiaire.

PLUTARQUE. — **Vies des Hommes illustres.** — Le meilleur manuel de Morale pratique et qu'on ne saurait trop relire.

MACHIAVEL. — **Discours sur la première décade de Tite-Live.** — Dans le volume des « Œuvres politiques », édition Charpentier. Renferme, entre autres choses excellentes, la théorie de la Force révolutionnaire.

HOBBES. — **Léviathan.** London, 1651. — A défaut de cet ouvrage qui malheureusement n'est pas traduit en français, on peut se procurer d'occasion, sous le titre d'*Œuvres philosophiques de Thomas Hobbes* (Neufchâtel, 1787), plusieurs fragments importants traduits par Sorbière (*la Liberté, l'Empire, la Religion*) et par d'Holbach (*le Corps politique, la Nature humaine*). Conçu dans un esprit absolument scientifique, le *Léviathan* donne, non pas la théorie du Despotisme — comme l'ont affirmé les philosophes spiritualistes, mentant avec leur effronterie habituelle, — mais bien celle de la Souveraineté du Peuple fondée sur l'Intérêt général.

VAUBAN. — **La Dîme royale,** 1707. — Réédité dans la *Bibliothèque nationale*.

MONTESQUIEU. — **L'Esprit des Lois,** 1748.

D'HOLBACH. — **Système social ou Principes naturels de la Morale et de la Politique.** — Publié en 1773. On trouve assez facilement l'édition de 1822.

BECCARIA. — **Des Délits et des Peines.** 1764. — Chef-d'œuvre incomparable. L'auteur n'avait que vingt-sept ans lorsqu'il le publia, nourri qu'il était de la Philosophie du grand siècle, des écrits de Diderot, de Hume, d'Helvétius, etc. « Leurs ouvrages immortels, dit-il, sont ma lecture quotidienne, l'objet de mes occupations pendant le jour et de mes méditations pendant le silence des nuits. »

CONDORCET. — **Esquisse d'un tableau des Progrès de l'Esprit humain,** 1795.

HEGEL. — **Die Philosophie der Geschichte.** Berlin, 1837. — L'un des plus importants et des plus intéressants ouvrages de ce grand Philosophe, dont le système, en dépit des fautes et des erreurs, aboutit en somme au Panthéisme. Il faut ici, comme avec Spinoza, savoir lire entre les lignes. La doctrine des Races ne pouvait malheureusement figurer dans un livre élaboré entre 1821 et 1832; mais une fois mis en garde contre les erreurs résultant de cette ignorance forcée, — excuse que n'ont plus nos modernes historiens, — le lecteur trouvera souvent dans ce livre les aperçus les plus intéressants, effet de ce coup d'œil d'aigle qui n'appartient qu'au génie. Je ne connais pas de traduction française; il y a une très bonne version anglaise, de Sibree, dans la collection Bohn (Londres, 1872).

CARLYLE (Thomas). — **On Heroes.** Londres, 1840. — Livre admirable dans son ensemble.

FREEMAN (Edward-A.). — **Comparative Politics.** London, Macmillan, 1873. — Cet ouvrage du grand historien dont l'Angleterre et le monde entier déplorent la mort récente, est le meilleur traité de Politique comparée, le plus utile à consulter sur les Institutions de la race aryenne, étudiées chez ses trois branches principales — la Grecque, la Latine et la Teutonique.

MAURER (L. von). — **Geschichte der Markverfassung in Deutschland,** 1856.

— **Geschichte der Dorfverfassung in Deutschland.** 2 vol. in-8°, 1866.

MAINE (Sir Henry Sumner). — **L'Ancien Droit.** — Traduit par Courcelle-Seneuille. La 1re édition anglaise a paru en 1860, sous le titre de « Ancient Law ».

— **Études sur l'Histoire des Institutions primitives.** — Traduit par D. de Leyritz, avec une introduction par Arbois de Jubainville. Paris, Thorin. Publié à Londres, en 1875.

— **Études sur l'Histoire du Droit.** Paris, Thorin. — Comprend l'important travail sur les Communautés de village en Orient et en Occident. Ces trois ouvrages, extrêmement remarquables, résumant les travaux de Maurer et de Nasse, remplis, d'ailleurs, d'aperçus originaux, et riches en données nouvelles, sont indispensables pour l'étude de l'évolution du Droit et de la Propriété. Réunis au livre précédemment cité de Freeman, ils suppriment, en les rendant inutiles, tous les autres travaux publiés jusqu'ici sur la matière.

LAVELEYE (Emile de). — **De la Propriété et de ses formes primitives.** 4e édit., Paris, Alcan, 1891.

TURGOT. — **Réflexions sur la formation et la distribution des Richesses.** Paris, 1766. — C'est dans ce petit livre que se trouve formulée, pour la première fois, cette fameuse *Loi d'airain* qui suffit, à elle seule, à poser la Question sociale : « En tout genre de travail il doit arriver, et il arrive, en effet, que le salaire de l'ouvrier se borne à ce qui lui est nécessaire pour sa subsistance. »

ADAM SMITH. — **Recherches sur la nature et les causes de la richesse des nations.** La 1re édition, à Londres, en 1776. — On doit à Adam Smith, entre autres choses, la vraie théorie de la Valeur « qui a sa source universelle et invariable dans le Travail ». C'est là le point de départ des travaux de Ricardo, de Rodbertus et de Karl Marx.

BENTHAM (Jeremy). — **Introduction to the Principles of Moral**

and **Legislation**. London, 1789. — Quoi qu'en pensent les cuistres de l'Éclectisme, c'est bien dans notre Helvétius que ce grand homme a retrouvé le vrai principe de la Politique et de la Morale — qu'on n'avait pas su saisir dans Aristote — à savoir : « Le plus grand bonheur possible pour le plus grand nombre possible. »

STUART MILL (John). — **Utilitarianism**. London, 1870. — Développement des idées d'Helvétius et de Bentham; démonstration irréfutable de la réalité de la Morale scientifique ou utilitaire.

PROUDHON. — **Qu'est-ce que la Propriété ?** Paris, 1840.

RODBERTUS-JAGETZOW. — **Zur Beleuchtung der socialen Frage**. 3 parties, Berlin, Putkammer, 1885. — La première partie publiée par l'auteur en 1875, le reste par Th. Kozak et Adolph Wagner. Indispensable à consulter pour l'histoire du développement du socialisme scientifique, certaines idées essentielles de Marx se retrouvant dans Rodbertus; bien qu'en dépit de la priorité de fait, elles se soient sans doute développées spontanément chez l'auteur du *Capital*, comme le fait remarquer Fridrich Engels dans sa préface au deuxième volume de Karl Marx. Le fond de ces idées est, en somme, dans Ricardo et, avant lui, dans Adam Smith.

KARL MARX. — **Das Kapital, kritik der politischen Oekonomie**. 2 vol. in-8°, Hamburg, 1883-1885. — La première partie a paru en 1867, avec ce sous-titre : *Le mode de production du capital*. C'est actuellement la 3ᵉ édition. La deuxième partie est une œuvre posthume, dont on doit la publication à la piété de l'ami constant de Marx, Fridrich Engels. Elle a pour sous-titre : *Le mode de circulation du capital*. Cette seconde partie n'a pas été, que je sache, traduite en français ; il y a une traduction du premier volume. D'ailleurs, on trouve la quintessence de ce livre, indispensable à tout socialiste, dans l'excellent résumé de M. *Gabriel Deville* (Le Capital, de Karl Marx, résumé et accompagné d'un aperçu sur le Socialisme scientifique. Paris, Marpon, 1887).

LASSALLE (Ferdinand). — **Herr Bastiat-Schulze von Delitsch oder Kapital und Arbeit**, 1864. — A défaut de l'original, lire la traduction (par B. Malon, 1881) de ce remarquable et brillant ouvrage.

CAIRNES. — **Some leading principles of political Economy**. London, 1874.

SCHAEFFLE (Albert). — **Bau und Leben des socialen Korpers**. 4 vol. in-8°, Tübingen, 1875-1878. — Le livre le plus complet, le plus instructif, et — à part quelques vues spéciales — le plus philosophique sur le Socialisme. Il vaut la peine d'apprendre l'allemand pour le lire, surtout le troisième volume, intitulé : *Kapitalismus und Socialismus*.

— **La Quintessence du Socialisme**, traduit par B. Malon, 1881. — Brochure très intéressante, indispensable à tous ceux qui ne peuvent pas lire le grand ouvrage.

REGNARD (Albert). — **L'État**, son origine, sa nature et son but. Paris, an 93 (1885), 1 vol. in-8°. — Outre la théorie de l'État (gouvernement, famille, éducation, etc.), j'ai donné, dans ce livre, celle du Socialisme, telle qu'elle s'établit scientifiquement d'après les travaux d'Adam Smith, de Ricardo, de Karl Marx, de Schaeffle. Le lecteur y trouvera démontrée la réalité de la Question sociale et, partant, la nécessité de la résoudre en substituant au système capitaliste le mode communiste de la production des Richesses.

DENIS (Hector). — **L'Impôt**. Première série, Bruxelles, 1889, avec un atlas de statistique comparée.

Ce livre du savant socialiste, aujourd'hui Directeur de l'Université de Bruxelles, est le plus substantiel, le plus complet, le plus merveilleusement conçu, touchant sur ce sujet d'un intérêt primordial. Indispensable, tant au point de vue de la théorie qu'à celui de la pratique.

HENRY GEORGE. — **Progrès et Pauvreté**. La première édition anglaise a paru en 1881. — Cet ouvrage qui n'est ni communiste, ni collectiviste, ni philosophique, a pourtant rendu l'immense service de faire éclater à tous les yeux la réalité de la Question sociale, en montrant l'écart, tous les jours plus grand, entre la misère des « meurt-de-faim » et l'opulence des milliardaires.

DE PAEPE. — **Essai sur les services publics dans la société future**, précédé de deux essais sur le Collectivisme, par Benoît Malon. — Extrêmement instructif et substantiel, comme tout ce qui est sorti de la plume de l'homme de cœur et d'intelligence et de solide érudition dont le Socialisme déplorera longtemps la mort prématurée.

MALON (Benoît). — **Le Socialisme intégral**. Paris, Alcan, 2 vol. in-8°, 3ᵉ édit., 1891. — Exposé très complet des doctrines socialistes, et en particulier de celles de l'auteur, du travailleur infatigable et d'une inépuisable fécondité, qui, sorti du peuple, s'est fait véritablement lui-même et est arrivé à prendre rang parmi les écrivains les plus autorisés sur la matière. Le lecteur y trouvera, entre autres choses, tout ce qu'il est nécessaire de savoir sur le Socialisme français du commencement du siècle.

C. HISTOIRE

HÉRODOTE. — Les récentes découvertes de l'Assyriologie ont consacré de nouveau sa gloire en démontrant, sur un grand nombre de points, l'exactitude de ses renseignements. Ceux qui savent l'anglais doivent se procurer l'édition des trois premiers livres, donnée par M. A. Sayce, sous ce titre : *The ancient Empires of the East, Herodotus* I-III (London, Macmillan, 1 vol. in-8°, 1883), avec une introduction, des notes et un appendice, où se trouvent résumées les dernières découvertes sur la matière.

THUCYDIDE. — Rétrograde, partisan de l'oligarchie et, par conséquent ennemi de la démocratie athénienne, comme Socrate, comme Platon, comme Xénophon, ce citoyen déplorable fut un historien de génie, en tant que la passion politique ne lui fit pas outrager la vérité, comme pour Périclès et Cléon. C'est un modèle incomparable pour tous ceux qui veulent écrire l'histoire. La lecture assidue et répétée de ses œuvres a suffi pour permettre à Macaulay de faire quelque figure dans le monde; cet historien médiocre, que l'opinion publique a descendu en Angleterre à son véritable niveau, ne serait jamais sorti de l'ornière s'il ne s'était nourri de cette moëlle des lions qui seule permet l'épanouissement complet du génie et peut, même de gens médiocres, faire des hommes de talent. Avis aux Juifs et autres ennemis des études aryennes, des lettres grecques et latines. Qu'on pense seulement aux douze académiciens qui, sans elles, ne seraient rien. Pour Thucydide et pour les prosateurs grecs, en général, on peut recommander l'édition Didot, grand in-8°, avec traduction latine en regard, et surtout l'édition Alfred Croiset, liv. I et II, avec variantes et notes nombreuses. Paris, Hachette, 1889.

SALLUSTE. — **Catilina.** — Quiconque prétend faire de la politique révolutionnaire doit lire le chef-d'œuvre de Salluste, pour le fond encore plus que pour la forme. Quand je fais l'éloge des lettres gréco-latines, je n'entends pas faire celui des universitaires qui les enseignent, en tant qu'ils s'obstinent à représenter Catilina comme un scélérat et Cicéron comme un « patriote », ce qui est exactement le contraire de la vérité. Catilina, lui aussi, fut un champion du parti populaire; et quant à ce bourgeois de Cicéron, il demeure le type accompli de ces libéraux qui, tout en vomissant des flots d'injures contre les « assassins et les incendiaires », égorgent, au mépris des lois, les Lentulus et les Céthégus de leur temps.

CÉSAR. — **Guerre des Gaules.** — Pour les auteurs grecs et latins, et à moins qu'on n'en indique une autre, l'édition Teubner est suffisante.

TACITE. — Égal à Thucydide par le génie, il le dépasse, — ayant le sentiment de la justice. Il est devenu de mode en ces derniers temps de le traiter d'aristocrate, d'ennemi des humbles, etc. Tout cela, à cause du fameux « *odium generis humani* », de l'accusation terrible — de haïr le genre humain ! — qu'il a justement portée contre les Juifs, contre la tourbe judéo-chrétienne. Tous les rabbins ont protesté, avec tous les pasteurs ; le mouvement contre Tacite n'a pas d'autre cause. Il doit être étudié aussi comme Thucydide, au point de vue du style et surtout de la concision, de l'énergie de l'expression. On ne l'a pas encore égalé. A lire uniquement dans l'original.

ARRIEN. — **Histoire d'Alexandre.**

FREEMAN. — **Histoire générale de l'Europe par la Géographie politique**, traduite par G. Lefebvre. 1 vol. in-8° avec atlas. Paris, Colin, 1886. — Excellent livre du grand historien cité plus haut (p. 125). Se garder de lire la préface, qui n'est ni de l'auteur ni du traducteur, et dans laquelle on « regrette amèrement que César ait vaincu Vercingétorix ! » Je veux croire au repentir de celui qui a écrit cette énormité soi-disant patriotique. Mais quoi ! par le temps qui court, *sic itur ad astra*.

TALBOYS WHEELER. — **History of India** from the earliest ages. London, Trubner, 4 vol. in-8°, 1867-80.—Extrêmement intéressant, en ce qu'il prend l'histoire des Aryens de l'Inde à sa source même. Comme Grote l'a fait pour les poètes homériques, il donne l'analyse d'importants fragments de Mahâ Bhârata et du Ramayâna. Faire abstraction de ses idées philosophiques et religieuses, empruntées à M. Max Müller et, par conséquent, judéo-chrétiennes.

BARTHÉLEMY. — **Voyage du jeune Anarcharsis en Grèce**, dans le milieu du quatrième siècle avant l'ère vulgaire. Paris, 4 vol. in-4° avec atlas, 1788. — On trouve facilement une édition de la même époque en 7 volumes in-8° avec atlas. C'est un livre excellent, trop négligé et précieux encore en raison du nombre et de l'exactitude des renseignements, — un de ces livres dont nous avions le monopole au siècle dernier.

GROTE. — **Histoire de la Grèce** depuis les temps les plus reculés jusqu'à Alexandre le Grand. Traduite par de Sadous, 19 vol. in-8°. Paris, Lacroix. Publiée à Londres de 1847 à 1855. Il y a une récente édition anglaise en 8 volumes petit in-8°. — Livre de tous points excellent et qui place son auteur à côté de Gibbon ; hommage incomparable et mérité rendu à cette démocratie athénienne dont tout le monde devrait étudier l'histoire.

MAHAFFY. — **Social Life in Greece**, from Homer to Menander. London, 1874. — Ouvrage remarquable à tous égards, suggestif et plein de faits, écrit, de plus, dans un excellent esprit.

BŒCKH (Auguste). — **Économie politique des Athéniens**, trad. par A. Laligant. 2 vol. in-8°, Paris, 1828. —Très important ; ne se trouve que d'occasion.

MOMMSEN. — **Histoire romaine**, 1854-1857.

MONTESQUIEU. — **Considérations sur les causes de la grandeur des Romains et de leur décadence**. — Remarquable étude à tous égards, où il est clairement démontré, entre autres choses, que le Christianisme fut la vraie cause de la ruine de Rome.

VOLTAIRE. — **Essai sur les Mœurs et l'Esprit des Nations**, 1754. — De même que Bossuet avait considéré la Philosophie de l'Histoire au point de vue du Judéo-christianisme, Voltaire l'a conçue au point de vue de l'Humanité, dans le sens le plus large du mot. Nos récents historiens, si platement doctrinaires, feraient bien de revenir à cette source où ils pourraient puiser ce qui leur manque. Ils y retrouveront les vérités éternelles relatives au fanatisme et, surtout, à cet esprit de cruauté impitoyable dont les Juifs nous ont infectés avec leur religion, et qui s'est momentanément retourné contre eux. Ils y apprendront que « lorsque vers la fin du quinzième siècle on voulut rechercher la source de la misère espagnole, on trouva que les Juifs avaient attiré à eux tout l'argent du pays par le commerce et par l'usure » ; que loin d'avoir été amenés là par la persécution comme le répètent tous les ignares à la suite de tous les intéressés, « ils firent dans toute l'Europe le métier de courtiers et de revendeurs comme ils l'avaient fait autrefois à Babylone, à Rome et dans Alexandrie. » Ils y liront enfin, pour les méditer, ces lignes si suggestives : « Vous êtes frappés de cette haine et de ce mépris que toutes les nations ont toujours eus pour les Juifs : c'est la suite inévitable de leur législation (ajoutons : et de leur nature) ; il fallait qu'ils subjuguassent tout ou qu'ils fussent écrasés. Il leur fut donné d'avoir les nations en horreur..., ils appelaient les *nations* vingt ou trente bourgades leurs voisines qu'ils voulaient exterminer. Quand leurs yeux furent ouverts par d'autres nations victorieuses qui leur apprirent que le monde était plus grand qu'ils ne croyaient, ils se trouvèrent, par leur loi même, ennemis de ces nations, et enfin du genre humain. Leur politique absurde subsista quand elle devait changer... Ils gardèrent tous leurs usages, qui sont précisément le contraire des usages sociables ; ils furent donc avec raison traités comme une nation opposée en tout aux autres, les servant par avarice, les détestant par fanatisme et se faisant de l'usure un devoir sacré. » — Voy. l'appréciation de Voltaire au mois de frimaire.

GIBBON. — **The History of the Decline and Fall of the Roman Empire.** London, 1776-1788. — Ouvrage admirable à tous égards, d'une érudition étonnante, et telle qu'aucune partie n'a vieilli, animé enfin du véritable esprit philosophique, celui du siècle de l'Encyclopédie.

TOUSSENEL (D.). — **Histoire de l'Europe** de 395 à 1789. Paris, Delagrave, 3 vol. in-18, 1882. — Cet inappréciable manuel, supérieur à tant de volumes contemporains et soi-disant originaux, est dû au frère de H. Toussenel, l'auteur éminent des *Juifs, rois de l'Époque*.

RETZ (Paul de Gondi, cardinal de). — **Mémoires.** — Très instructifs ; doivent être lus attentivement par les Révolutionnaires.

STUBBS (William). — **The constitutional History of England in its origin and development.** Oxford, Clarendon press., 3 vol. in-8°, 1878. — Très complète et tout à fait au courant de la science.

THIERRY (Augustin). — **Lettres sur l'Histoire de France,** pour servir d'introduction à l'étude de cette histoire. Paris, Garnier. La 1re édition en 1827. — Livre parfait de tous points et combien plus « moderne » et scientifique que les rapsodies des intrigants qui, se parant aujourd'hui du beau titre d'Historiens, se font, sous prétexte de patriotisme, des réclames personnelles aux dépens de l'Histoire et de la Vérité !

— **Récits des Temps mérovingiens.** Paris, Garnier, 2 vol. in-18, 1840.

GUIZOT. — **Histoire de la civilisation en France.** Paris, 1839.

BRYANT and GAY. — **A popular history of the United States** from the first discovery of the western Hemisphere by the Northmen. London, Sampson Low, 4 vol. in-8°, 1881. — Ouvrage populaire, mais scientifique en même temps, très exactement documenté et dont on ne saurait trop recommander la lecture à tous ceux qui

veulent se mettre au courant de l'histoire des États-Unis. Ils y verront ce que peut le Puritanisme, ce « replâtrage » du Judaïsme,
abandonné à lui-même. Ils y verront que sous la fameuse constitution (*Body of liberties!*) de Massachusetts, non seulement on pendait
les quakers, comme non orthodoxes, mais encore on vendait comme
esclaves les enfants desdits quakers, quand ils ne payaient pas leurs
dettes, etc., etc. Sans doute, tout cela s'est modifié; mais ceux-là
plaisantent agréablement, qui viennent nous dire que les « Puritains
d'Amérique » ont été les précurseurs de la Révolution.

MICHELET. — Histoire de France. — De beaucoup la meilleure.
Il faut pourtant faire une réserve en ce qui concerne les origines;
en quoi l'auteur est excusable, vu l'époque de la publication de ses
premiers volumes. Seulement, les historiens plus modernes, qui
n'ont pas cette excuse, s'attardent plus que jamais dans les vieux
errements : effet de la routine autant que de l'ignorance. Il ne
faut pas oublier que nous constituons un des rameaux les plus
importants de la race aryenne. Nous sommes, avant tout, des Gallo-
Romains, mélangés de Latins ou civilisés par eux, mélangés ensuite,
surtout dans le Centre, le Nord et l'Est, de Germains (Franks,
Burgondes, Normands). Les Celtes étaient bien un peuple de race
aryenne; mais venus les premiers et corrompus par le sang des
Ibères et autres peuplades primitives, ils ne formèrent jamais qu'un
caput mortuum impropre à la civilisation. Comme les Celtes ou,
mieux, les Celtibères de la Grande-Bretagne se réfugièrent en
Cornouailles, dans les Galles et en Irlande, ceux de l'ancienne Gaule
s'amassèrent en Basse-Bretagne, où ils parlent encore la langue de
leurs ancêtres, dont il ne reste plus que des traces négligeables
dans la nôtre. De même que Freeman, que Stubbs disent : « Notre
civilisation est anglaise, non celtique, » — nous aussi nous avons
l'honneur de le proclamer : « *Notre civilisation est romaine, non
celtique.* »

— **Histoire de la Révolution française.** Paris, 1847-1853. — La
meilleure encore, à tous égards; surtout si on la complète en la
corrigeant par la lecture des publications hébertistes.

**TRIDON (Gustave). — Les Hébertistes, plainte contre une calomnie
de l'Histoire.** Brochure in-8°. Paris, chez l'auteur, rue des Mathurins-
Saint-Jacques, 11, et chez les libraires, 1864. — Dans ce court mais
si substantiel mémoire, se trouve établie sur des bases inébranlables
la vraie philosophie de la Révolution. L'avortement partiel de cette
grande crise, qui a ouvert, de fait, l'ère de la Rénovatoin sociale, doit
être attribué, comme Tridon le démontre, beaucoup moins à la riva-
lité de personnalités jalouses, qu'à la cruauté systématique du déiste
« incorruptible », qui, faisant passer la Force du service du Droit à
celui de l'Être suprême, égorgea la Commune de Paris avec les
Hébertistes. N'en déplaise aux érudits et commentateurs actuels,
qui nous assomment avec leurs compilations de petits documents,
leur remue-ménage d'inutiles paperasses, l'histoire de la Révolution
est désormais élucidée.

— **La Force,** avec une introduction biographique par A. Regnard.
Paris, à la librairie de *la Revue Socialiste*, 10, rue Chabanais, 1889.
— Dignes de Hobbes pour la solidité du fond, ces pages posthumes,

aussi éclatantes que les plus belles des *Hébertistes*, établissent victorieusement cette primordiale vérité : « Tous les désastres de la Démocratie viennent de son mépris pour la Force. »

REGNARD (Albert). — Chaumette et la Commune de 93. Contribution à l'histoire de l'Hébertisme. Londres, 1872. — A la librairie de *la Revue socialiste*, 10, rue Chabanais.

AVENEL (Georges). — Anacharsis Cloots. 2 vol. in-8°, Paris, Lacroix, 1865.

LAFFITTE (Pierre). — La Révolution française. Paris, Leroux, 1 vol. in-16, 1880.

ROBINET (Dr). — Le Procès des Dantonistes. Paris, Leroux, 1879. — L'un des meilleurs livres du digne et éminent défenseur de Danton.

MICHELET. — Histoire du XIXe siècle. 3 vol. in-8°, sur le Directoire, le Consulat et l'Empire. Paris, Lévy, 1875. — Incomplet, mais très intéressant, surtout pour ce qui regarde le Directoire.

BOURIENNE. — Mémoires sur Napoléon, le Directoire, le Consulat, l'Empire et la Restauration. Paris et Londres, chez Colburn et Bentley, 10 vol. in-8°, 1831. — Ouvrage très curieux et très précieux, pouvant remplacer avantageusement *le Consulat et l'Empire* de M. Thiers, qui en a tiré à peu près tout ce qu'il y a d'intéressant dans sa laborieuse compilation.

VAULABELLE (Ach. de). — Histoire des deux Restaurations.

LOUIS BLANC. — Histoire de Dix Ans.

TÉNOT (Eugène). — La Province en Décembre 1851. Paris, 1865.
— **Paris en Décembre 1851.** Paris, 1868.

PELLETAN (Camille). — La Semaine de Mai. Paris, 1880.

REGNARD (Albert). — Histoire contemporaine de l'Angleterre. 1 vol. in-16, Paris, Germer-Baillière, 1882. — Ce petit livre est le fruit de dix ans de séjour en Angleterre et d'une étude approfondie de ce pays, l'auteur étant chargé de la correspondance politique et littéraire pour la Revue russe *Viestnik Evropi* (le Messager de l'Europe) de Pétersbourg. Le lecteur y apercevra tout de suite la folie de l'alliance russe, — folie qui pourrait mener à un désastre, — et la nécessité de l'alliance anglaise.

III. — ESTHÉTIQUE

ARISTOTE. — **La Poétique.**

LÉONARD DE VINCI. — **Traité de la Peinture,** traduit par Gault de Saint-Germain. Paris, an XI.

LESSING. — **Laocoon ou Des limites de la Peinture et de la Poésie,** 1766.

DIDEROT. — Dans les œuvres complètes, les **Recherches philosophiques sur l'Origine et la Nature du Beau** (1751) et les **Salons.**

DE BROSSES (Charles). — **Lettres familières écrites d'Italie en 1739 et 1740.** Nouvelle édition, chez Didier.

Mme DE STAEL. — **De l'Allemagne.**

GŒTHE (Conversations de), pendant les dernières années de sa vie (1822-1832), recueillies par Eckermann. Paris, 2 vol. in-18, Charpentier. — Il faut savoir gré à ce pauvre Eckermann, spiritualiste et protestant, de n'avoir pas trop dénaturé la pensée de Gœthe. Sans doute, il vaudra toujours mieux l'aller chercher dans les œuvres du grand homme ; mais elle se fait jour ici tout de même et de la façon la plus heureuse, à propos des principales questions d'Esthétique. C'est pourquoi, Eckermann une fois dénoncé, on recommande ce livre comme un résumé plein d'intérêt, à ceux qui n'ont pas le loisir ou la possibilité d'étudier à fond les œuvres de Gœthe.

HEGEL. — **Aesthetik** (Vorlesungen über die), dans ses œuvres complètes. Berlin, 1835. — Il y a une traduction française complète, de Bénard : éviter surtout l'abrégé du même en deux volumes. C'est un livre admirable, suggestif au plus haut degré, comme tout ce qui vient de ce grand esprit, le maître de Karl Marx, en somme, comme de Feuerbach. Prendre seulement pour ce qu'ils valent les quelques mots flatteurs à l'adresse des Romantiques et des Symboliques, et la tirade sur les avantages de la *Weltschmerz*, de la douleur universelle introduite par le Christianisme. Tout cela, d'ailleurs, décent, ne choquant pas trop la vérité, et pas du tout dans le goût des insolences « modernes », telles que le « Nous avons quitté l'idolâtrie du Beau pour la religion du Bien », et autres fadaises d'académiciens, approbateurs des massacres de Mai, et qui ont décidément déserté le culte du Beau sans pratiquer celui du Bien.

PATIN. — **Études sur les Tragiques grecs.** Paris, Hachette, 4 vol. in-18, 1858.

SISMONDI (Simonde de). — **De la Littérature du midi de l'Europe.** Paris, 4 vol. in-8°, 1813.

SAINTE-BEUVE. — **Causeries du Lundi** (15 vol., chez Garnier), et **Nouveaux Lundis** (15 vol., chez Lévy), 1849-1872. — Le chef-d'œuvre de la critique contemporaine et le monument définitif élevé à notre littérature. Deux ou trois appréciations regrettables ne sauraient faire oublier l'excellence de l'ensemble, non plus que la mort de l'illustre écrivain, qui fut celle d'un homme libre et d'un Philosophe. On trouvera d'intéressants détails à cet égard dans les *Souvenirs et Indiscrétions* publiés par son digne et fidèle secrétaire, Jules Troubat.

— **Chateaubriand et son groupe littéraire.** 2 vol., Paris, M. Lévy.

HEINE (Henri). — **De l'Allemagne.** 2 vol. in-18, chez Michel Lévy. — Excellent livre, moins la dixième partie, tout à fait contradictoire et écrite vers la fin de la vie de l'auteur, à une époque où il était devenu, comme il le dit lui-même, « malade et pieux ». Comme Spinoza, le Juif Henri Heine a répudié l'esprit de sa race dans ces lignes remarquables qu'on livre à la méditation de ceux de ses congénères qui se prétendent émancipés : « Je dis *nazaréen*, écrit-il à propos de Ludwig Bœrne, pour éviter les expressions de *juif* et de *chrétien*, bien qu'elles soient toutes les deux synonymes pour moi. A mes yeux, les mots « juif » et « chrétien » sont de même sens, et en contradiction avec le nom de Grec, d'Hellène, par lequel je désigne, non un peuple déterminé, mais une certaine tournure d'esprit, une manière de voir, innée ou acquise. » Le lecteur verra que toutes ses sympathies sont pour l'esprit hellénique, aryen dirait-on aujourd'hui, en tant qu'opposé à l'esprit sémitique ou « nazaréen ».

ROUSSEAU (J.-J.). — **Observations sur l'Alceste et l'Orphée de Gluck,** dans ses œuvres complètes. — Je ne connais rien qui puisse mieux nous éclairer que ces deux fragments sur le véritable caractère de la fameuse *Querelle des Bouffons* (1753), renouvelée en 1774 à propos de Gluck et de Piccini. Le grand et légitime éloge que fait de l'*Alceste* de Gluck J.-J. Rousseau, partisan, avec Diderot, du *Coin de la Reine* (musique italienne), suffit à faire éclater le malentendu et à montrer que ces grands esprits étaient, de fait, pour le drame lyrique, contre le système des « ponts-neufs ». « Que faire, dit Rousseau dans ses observations sur *Alceste*, pour employer toutes ces forces (la parole, la mélodie et la symphonie)?... Donner à la parole tout l'accent possible, *et jeter dans des ritournelles de mélodie toute la cadence et le rythme qui peuvent venir à l'appui.* » Il me semble que voilà le germe du système de Gluck, si profondément modifié et perfectionné par Wagner.

DIDEROT. — **Leçons de clavecin et Principes d'Harmonie,** dans le tome XII des Œuvres complètes, édition Assézat. — Encore un tour de force de cet homme étonnant qui fut à la fois un savant, un grand littérateur et un grand artiste. Ce livre vaut à lui seul toutes les leçons de tous les maîtres d'harmonie. La routine y est partout remplacée par la théorie scientifique et par la clarté.

GRÉTRY. — **Mémoires ou Essais sur la Musique,** par le citoyen

Grétry, membre de l'Institut national, etc. Paris, de l'Imprimerie de la République, 3 vol. in-8°. Pluviôse an V. — Très curieux et très intéressants à tous égards. Le premier volume avait déjà paru en 1789. Les deux autres furent imprimés aux frais de la République, à la suite d'un rapport fait à la Convention par Lakanal, le 1er vendémiaire an III. L'ouvrage avait été recommandé au Comité d'instruction publique, en fructidor an II, par les « artistes compositeurs de musique », Méhul, D'Aleyrac (*sic*), Chérubini, Devienne, Lesueur, Gossec, Langlé, Lemoyne et Champein.

WILDER (Victor). — **Beethoven.** 1 vol. in-18, Paris, Charpentier, 1883. — Excellent. L'auteur, dont on ne saurait trop déplorer la mort récente, a très bien indiqué aussi le caractère panthéiste de la philosophie de Beethoven, laquelle n'a rien de commun avec le déisme ridicule que lui attribuent les programmes de certains concerts juifs. Voici comment se traduisait dans la pratique la « théologie » de l'auteur de la 9e symphonie. Moschelès, ayant achevé la transcription de *Fidelio*, écrivit sur la dernière page : « Fin, avec l'aide de Dieu. » A quoi Beethoven ajouta : « Homme, aide-toi toi-même. » Ce qui semble caractéristique.

WAGNER (Richard). — **Quatre poèmes d'opéra précédés d'une lettre sur la musique.** Paris, 1861. — Cette lettre de Wagner suffit pour donner une idée du style et des théories de l'homme extraordinaire qui fut à la fois un philosophe, un homme politique, un critique et surtout un artiste incomparable. Les personnes qui s'occupent sérieusement de musique doivent se procurer ses *Œuvres littéraires complètes* : 10 volumes in-8°, Leipzig, Fritsch. On peut aussi, à leur défaut, consulter utilement le *Wagner-Lexicon*, par Glasenapp et H. von Stein, Stuttgard, 1883, recueil bien fait des opinions de Wagner, extraites littéralement de ses ouvrages. Enfin, il faut signaler le très précieux *Katalog einer Richard Wagner-Bibliothek*, par Nicolaus Oesterlein. Leipzig, Britkopf und Hirtel, 3 vol. in-8°, 1884-1891. — Voy. l'appréciation de Wagner au mois de prairial.

SCHURÉ (Edouard). — **Le Drame musical.** Nouvelle édition, 2 vol. in-18. Paris, Didier, 1880. — En dépit de certaines notes discordantes, le meilleur livre jusqu'ici sur le sujet et sur Wagner.

LAVOIX (H.). — **Histoire de la Musique.** Paris, 1890. — Excellent résumé.

LE RIG-VEDA. — Il y a une édition française par Langlois, 1848-1851. Ceux qui lisent l'allemand, à défaut du sanscrit, doivent préférer la traduction de Grassmann. Leipzig, 1876.

L'ILIADE ET L'ODYSSÉE. — Ces poèmes incomparables, monument éternel du génie aryen, devraient remplacer partout, dans les familles comme dans les écoles, la Bible juive. Comme toutes les grandes épopées, ils sont l'œuvre d'un peuple, d'une race se résumant dans une succession de chantres ou rapsodes qui se complètent les uns les autres. La meilleure traduction est celle de Leconte de Lisle. Pour ceux qui ont le bonheur de lire le texte, l'édition Teubner suffit parfaitement.

ANACRÉON.

ESCHYLE. — La même édition, ou celle de Didot, format gr. in-8°, avec la traduction latine en regard. Comme traduction française, celle de Leconte de Lisle.

SOPHOCLE.

EURIPIDE. — En dépit des pédants qui, se copiant les uns les autres, ont reproduit les mauvaises plaisanteries du réactionnaire Aristophane, Euripide doit être mis sur le même pied que ses deux émules, un peu au-dessous d'Eschyle peut-être, mais certainement au-dessus de Sophocle, son contemporain. Son athéisme bien connu n'a pas peu contribué à le faire rabaisser par la cohue des pédagogues, qu'une critique vraiment scientifique a enfin mis à la raison. A défaut du texte, lire l'admirable traduction de Leconte de Lisle.

ARISTOPHANE. — Un grand poète, mais un détestable citoyen. Je connais pourtant quelque chose de plus agaçant, s'il est possible, que les injures éjaculées sur la démocratie athénienne par ce partisan des vieilles coutumes et des vieux tyrans : ce sont les louanges dont l'accable, surtout au point de vue politique, la bande des Universitaires. Voir, comme spécimen, les notes d'un nommé Poyard et, surtout, la déplorable appréciation de l'infâme pièce des Acharniens. Il n'y a tel que ces « Revanchards », chiens quêteurs à l'affût d'une popularité malhonnête, pour avoir de ces idées-là.

DÉMOSTHÈNE. — *Discours pour la Couronne.* — Admirable, mais inutile pour ceux qui ne peuvent le lire dans l'original.

PLAUTE.

TÉRENCE.

LUCRÈCE. — Voy. p. 115.

VIRGILE.

HORACE.

CATULLE.

TIBULLE.

OVIDE. — Les Métamorphoses.

JUVÉNAL. — Genre « Aristophane ». Encore un grand poète, s'il n'eût pas été un grand coquin, un Tertullien sans excuse, diffamateur des Gracques et de toutes les gloires romaines. En dépit d'une des innombrables assertions paradoxales de l'auteur de *l'Ane*, ce

Juvénal ne fut qu'un bourgeois aigri — on n'a jamais su pourquoi — qui passa son temps à dénigrer les hommes et les choses, sans avoir eu comme Rousseau, semble-t-il, l'excuse de la folie mélancolique. C'était un Aryen à tournure d'esprit sémitique — on en voit de tels — et c'est pour cela que les Judéo-chrétiens, destructeurs de tant de chefs-d'œuvre de la littérature antique, ont conservé précieusement ce répertoire d'injures et de calomnies à l'adresse de la Société romaine.

LONGUS. — **Daphnis et Chloé.**

DANTE. — **La Divina Commedia.** — A lire dans l'original.

PÉTRARQUE. — **Les Sonnets.**

ARIOSTE. — **Roland furieux.**

TASSO (Torquato). — **La Jérusalem délivrée.**

CAMOENS (Luiz de). — **Os Lusiadas.**

VILLON.

RABELAIS. — **Gargantua et Pantagruel.** — Voy. l'appréciation de ce grand homme au mois de frimaire.

RONSARD. — **Œuvres choisies.** — Sans vouloir encourager en rien la débauche de mots incompréhensibles, à laquelle se livrent un certain nombre de jeunes gens, encore plus décadents que symboliques, on peut bien admirer ce vrai poète et regretter la perte d'une foule d'expressions dont notre langue s'est appauvrie. N'en déplaise à M. Brachet et aux Juifs qui voudraient réduire notre idiome à la misérable condition du leur, je rends grâce aux « savants » qui nous ont dotés des mots « faction, mobile, délicat » et autres, et je ne vois pas du tout pourquoi nous ne parlerions plus d'ombres « myrteux » et de rossignols « ramagers ». J'entends bien que le français est sorti du latin vulgaire; mais, quoi qu'en disent les pédants, le vrai latin, le latin littéraire a fourni naturellement la plus grande part, les mots vulgaires étant en minorité; et tout le monde à Rome entendait Cicéron quand il écrivait : *Quousque abuteris patientia nostra*, comme aujourd'hui tout Français peut comprendre que cela veut dire : *jusques* (à quand) *abuseras-tu de notre patience.*

MARLOWE (Christophe). — **The Works.** 1 vol. in-8°, chez Chatto and Windus, Londres. — Le digne précurseur de Shakespeare, un homme de la Renaissance, un athée comme lui. On lui doit l'invention du vers tragique anglais.

SHAKESPEARE. — **Théâtre complet.** — La très correcte édition dite du « Globe » (Macmillan) peut suffire. Quiconque veut se livrer à une étude sérieuse doit d'abord se procurer le *Shakespeare Lexicon*, d'Alexandre Schmidt, et le glossaire de Nares, à moins qu'on n'ait déjà l'excellente édition de Dyce, avec le glossaire. La meilleure *editio variorum* actuelle est celle de Furness (London and Philadelphia, Lippincott), malheureusement non encore terminée. Enfin, la

Shakespearian grammar de Abbot, est indispensable, surtout pour ce qui concerne la prosodie. C'est à dessein qu'en dépit de la « New *Shakspere* Society », on continue d'écrire ici le nom de Shakespeare comme lui-même et ses contemporains l'écrivaient, comme l'Europe entière l'a écrit pendant trois cents ans. Shakespeare perd cent pour cent à être lu dans une traduction; d'autre part la vie en Angleterre ou un commerce prolongé avec des Anglais cultivés permettent seuls d'arriver à saisir l'harmonie des vers anglais. La meilleure traduction est celle de François-Victor Hugo; mais se garder de lire les préfaces, qui dénaturent absolument le caractère du drame shakespearien, en vue de le rabaisser au niveau du Romantisme, avec lequel il n'a rien de commun. — Voy. l'appréciation de Shakespeare au mois de prairial.

CERVANTES (Michel). — **Don Quichotte de la Manche.**

MILTON. — **Paradise Lost.** — A lire de toute nécessité dans l'original. L'ami de Cromwell, le poète illustre — qui n'était pas du tout ce que ses coreligionnaires protestants s'imaginent — a fait du révolutionnaire Satan le véritable héros de son poème. D'autre part, son récit de la création est cent fois plus beau, plus poétique que celui des scribes, compilateurs de la Genèse. Quant à l'harmonie inimitable de son vers je regrette moins les dix ans que j'ai dû passer en Angleterre, puisqu'il m'a été ainsi donné de la saisir, ainsi que celle du vers de Shakespeare et de Shelley.

CALDERON. — **Théâtre choisi.** — Les trois volumes de l'édition Charpentier peuvent suffire pour donner une idée complète du génie de cet auteur auquel on doit plus de six cents pièces de théâtre — bien inférieur à cet égard à son prédécesseur Lope de Vega qui en composa dix-huit cents! Les qualités poétiques et dramatiques du *Magico prodigioso*, de la *Vida es Sueno* et autres ne doivent pas faire oublier qu'à aucun titre l'auteur ne saurait être égalé ni à un Corneille, ni surtout à un Shakespeare. C'est lui, avec Lope de Vega, et non Shakespeare, qui doit être considéré comme le véritable créateur du genre romantique avec ses excentricités et sa religiosité dite *moyen âge*, en réalité, judaïque. Comme l'Espagne tout entière, l'Espagne du Midi surtout, par les habitudes, par le sang, hélas ! il est imprégné de Sémitisme. Son drame de la *Devocion de la Cruz*, où l'on voit un brigand incestueux et assassin ressusciter au moment de la catastrophe, afin qu'il puisse recevoir l'absolution et aller en paradis, est le modèle du genre, le type de la pièce immorale et décadente à tous égards. Sismondi a pu dire de Calderon qu'il était le vrai poète de l'Inquisition; j'ajoute : de l'Inquisition espagnole, la plus cruelle de toutes, en raison de la sémitisation même du pays, sémitisation qui remonte au temps des Phéniciens et des « vaisseaux de Tarschisch », en passant par les Carthaginois.

CORNEILLE (Pierre). — **Théâtre choisi.**

MOLIÈRE. — **Théâtre complet.** — L'édition de Ch. Louandre, chez Charpentier, en 3 vol. à 1 fr. 50, est parfaitement suffisante et dans tous les cas mille fois préférable à celle des *Grands Écrivains de la France*, commencée par le regretté Eugène Despois et continuée par je ne sais qui; déshonorée, dans tous les cas, par une *Vie de*

Molière où l'on se bat les flancs pour prouver que l'élève de Gassendi n'était pas athée ; où l'on prétend, entre autres farces, que dans la fameuse scène où Sganarelle se laisse tomber en voulant démontrer le libre-arbitre, Molière était contre Don Juan pour ledit Sganarelle. — Voy. l'appréciation de Molière au mois de prairial.

RACINE. — Théâtre choisi.

BOSSUET. — Oraisons funèbres. — Aussi admirables dans la forme que nulles quant au fond. Indispensables à l'orateur, comme les discours de Démosthène ; mais pour ceux-ci il faut entendre le grec.

LA FONTAINE. — Fables et Théâtre choisi.

Mme DE LA FAYETTE. — La Princesse de Clèves.

REGNARD. — Théâtre choisi.

LESAGE. — Gil Blas.

FIELDING. — Tom Jones.

VOLTAIRE. — Candide et Théâtre choisi.

DIDEROT. — Jacques le Fataliste et la Religieuse.

PRÉVOST (L'abbé). — Manon Lescaut. — Voy. l'appréciation du chef-d'œuvre du roman, dans toutes les langues, au mois de fructidor.

STERNE. — Tristram Shandy et The sentimental Journey.

ROUSSEAU (J.-J.). — La Nouvelle Héloïse. — Il m'est impossible, malgré que j'en aie, de recommander les *Confessions*, remplies pourtant de si délicieux détails. Qu'on ne m'objecte pas tel ou tel roman indiqués dans cette bibliothèque ; c'est l'esprit judaïque, si sale au fond, l'esprit de Sodome qui voit l'immoralité là où elle n'a pas de place. Dans la beauté et dans l'amour, ces gens-là n'ont jamais aperçu que ce qu'ils appellent, dans leur ignoble langage, « l'esprit de fornication ». L'immoralité, je la trouve dans le fait de cet homme étrange, spiritualiste d'ailleurs et « Bondieusard » au point de mettre ses enfants à l'hôpital et qui, par-dessus le marché, ne trouve rien de mieux, pour remercier la femme gracieuse qui l'a tiré de la crotte, que de la salir pour l'éternité en révélant des secrets d'alcôve sans intérêt pour personne. Moi aussi j'ai fait mon pèlerinage des Charmettes ; c'est-à-dire que me trouvant à Chambéry, j'ai gravi le sentier délicieux, plein d'ombre et de fraîcheur, et d'herbe nouvelle, qui conduit à la maisonnette ; j'ai vu la vigne et le jardin, et le clavecin et les jolies chambres avec la fenêtre qu'il regardait de loin, le matin, pour « voir s'il était jour chez maman ».

J'ai vu ces choses, et ayant, hélas ! plus de vingt ans, j'ai écrit sur l'Album des visiteurs : « Malheureux ! qui n'as rencontré sur ton chemin que des femmes charmantes dans des sites enchanteurs et des amis à toute épreuve, et qui n'as su qu'empoisonner leur existence en tâchant même de les déshonorer aux yeux de la postérité — non content de déblatérer sans cesse contre la Fortune, dont tu fus l'un des plus constants et des plus indignes favoris ! »

BEAUMARCHAIS. — Théâtre complet.

SCHILLER. — Poésies et Théâtre choisi.

GŒTHE. — Œuvres complètes. — Voy. l'appréciation de ce Héros de l'Humanité au mois de floréal.

CHÉNIER (André). — Poésies posthumes.

CHATEAUBRIAND. — Atala.

LA MOTTE-FOUQUÉ. — Ondine.

BYRON (Lord). — Childe Harold, Caïn et Don Juan.

SHELLEY. — **The Works.** — A défaut de l'excellente édition Forman, se procurer les quatre volumes parus chez Chatto et Windus. Rejeter toutes les éditions où le poème de *Laon and Cythna* se trouve désigné sous le titre de *The Revolt of Islam*. — Voy. l'appréciation de Shelley au mois de floréal.

WALTER SCOTT (Sir). — Ivanhoe, Quentin Durward, la Prison d'Édimbourg (*Heart of Midlothian*), la Fiancée de Lamermoor, l'Antiquaire et la Jolie Fille de Perth.

BALZAC (Honoré de). — La Femme de trente ans, Eugénie Grandet, Un ménage de garçon, la Vieille Fille, le Lys dans la vallée, Illusions perdues, Splendeurs et Misères des courtisanes, le Père Goriot, César Birotteau, la Cousine Bette, les Chouans, les Paysans, la Peau de chagrin, la Recherche de l'absolu. — Dans ces chefs-d'œuvre, l'auteur a présenté véritablement le miroir à la Nature, mais le miroir tenu à la façon Shakespearienne, par la main la plus habile, par un de ces génies exceptionnels, prompts à saisir d'un coup d'œil ce que le commun des mortels met des années à ne pas comprendre. Religieux et réactionnaire en principe, — ou se croyant tel — la supériorité de ses plus beaux drames vient précisément de ce qu'il n'y paraît rien de cet esprit, mais tout de l'esprit de justice et de vérité. Véritablement épique, étant objectif, son génie ne prend aucun plaisir à ce réalisme bête que des romantiques à rebours ont voulu nous donner comme le comble de l'art, — non plus qu'aux distillations quintessenciées des muscadins du Symbolisme.

STENDHAL (Henry Beyle, dit). — La Chartreuse de Parme. — Digne de Balzac.

ALEXANDRE DUMAS. — Les Trois Mousquetaires, la Reine Margot, Monte-Cristo et Théâtre choisi (l'Orestie, Henri III et sa cour, Charles VII). — Alexandre Dumas était de la trempe de ces Lope et de ces Calderon qui écrivaient des quinze cents drames dans leur vie d'homme. Génie exubérant, s'en allant par tous les bouts, il ne lui a manqué que d'être contenu pour éclipser Victor Hugo. La qualité de l'invention ou de la « fabulation », qu'il possédait au suprême degré, n'est pas la plus importante ; Shakespeare, comme Eschyle ou Euripide, prenait ses sujets dans l'histoire ou dans la légende. Mais Alexandre Dumas a montré qu'il pouvait aussi créer des caractères et les développer dans une action adéquate ; malheureusement, ce ne fut que par échappées. Son adaptation de *l'Orestie* n'a été égalée dans aucune langue.

MÉRIMÉE (Prosper). — Chronique de Charles IX.

HUGO (Victor). — Les Odes et Ballades, les Orientales et les Châtiments.

MUSSET (Alfred de). — Poésies et Théâtre choisi (On ne badine pas avec l'amour, Carmosine), Il ne faut jurer de rien, le Chandelier). — Vrai poète, et sincère. Son détestable scepticisme a gâté, malheureusement, quelques-uns de ses plus beaux poèmes. Quant à son théâtre, c'est celui qui se rapproche le plus, chez nous, de la comédie Shakespearienne — mais de bien loin encore, grâce à cette mélancolie décadente et romantique, inconnue à nos Aryens de la Renaissance.

GEORGE SAND. — La Petite Fadette, la Mare au Diable, François le Champi, André.

THÉOPHILE GAUTIER. — Mademoiselle de Maupin. — Renferme deux ou trois des plus belles pages qui soient dans la langue française, et aussi fortes dans le fond qu'admirables dans la forme. Elles commencent par ces mots : « Le Christ n'est pas venu pour moi ; je suis aussi païen qu'Alcibiade et Phidias », et se terminent par la tirade : « Le monde antique ne te connaissait pas, fleur inféconde... Virginité, mysticisme, mélancolie — trois mots inconnus, trois maladies nouvelles apportées par le Christ. » — Théophile Gautier n'était pas un romantique. Ne pas manquer de lire l'admirable préface ; nous sommes revenus, hélas ! à l'époque de Juiverie, de Néo-christianisme et de Tartufferie si justement stigmatisées dans cette satire, beaucoup plus philosophique que toutes celles de Juvénal et de ce bourgeois de Boileau, — satire qui montre, entre autres choses, que la morale scientifique et utilitaire dont nous faisons profession, n'a rien de commun avec l'utilitarisme des « crétins et goitreux » si bien fouettés par l'auteur.

— Émaux et Camées.

BARBIER (Auguste). — Iambes et Poèmes.

DICKENS (Charles). — Nicolas Nickleby, Martin Chuzzlewit, David Copperfield, Dombey and Son, Bleak House, Oliver Twist. — « Si Thackeray s'est surtout attaché à peindre les gentlemen, qu'il nous montre en de gros volumes, « faisant de la morale » dans d'interminables dîners, Dickens a voulu peindre les folies et les vices dont cette grande nation anglaise n'est pas plus exempte que les autres. Il a sondé les plaies et étalé les misères, sans pitié pour notre délicatesse, mise, depuis, bien autrement à l'épreuve. Il a ouvert les yeux du public — et de l'autorité compétente — sur les écoles, les workhouses, les prisons, sur les quartiers ignobles de la ville où grouillent pêle-mêle la saleté et la pauvreté avec le vice irresponsable. Et, chose curieuse, il a grandement contribué à quantité de réformes et d'améliorations. Bien différent des romantiques et des réalistes ordinaires, on sent chez lui le cœur, qui fait trop souvent défaut aux uns et aux autres. Malheureusement, il lui a manqué le bénéfice d'une instruction complète, gréco-latine surtout. Un tas de gens se sont extasiés sur la bonne fortune de cet enfant qui, au lieu d'aller à l'école, était employé à coller des étiquettes sur des pots de cirage. D'après ces messieurs, toute l'originalité de Dickens vient de là ! La vérité est que Dickens, aussi bien doué que Fielding, mais dépourvu de cette solide instruction qui est la base absolument indispensable, n'a rien produit d'aussi parfait que Tom Jones, et on peut se demander avec la plus légitime inquiétude si, dans un siècle d'ici, *David Copperfield* jouira de la vogue qui s'attache encore justement au chef-d'œuvre du grand romancier du dix-huitième siècle » (A. Regnard, dans le *Viestnik Evropi*, Messager de l'Europe de Pétersbourg : *La Science et la Littérature dans l'Angleterre contemporaine*, lettre XII).

BRONTE (Charlotte). — Jane Eyre. — « Peu après le grand succès obtenu par « Currer Bell (Charlotte Bronte), les gens de la *High Life*, aussi bien que les Méthodistes et autres puritains de même farine, commencèrent à crier à la Révolution et à l'immoralité. La « *Quarterly Review* » déclara que l'auteur de *Jane Eyre*, si c'était une femme, devait avoir soulevé depuis longtemps, et avec justice, la réprobation de son sexe. On n'y reconnaissait aucune « Christian grace »; rien que l'orgueil humain, avec tous les plus déplorables emportements de la passion. Le public est heureusement revenu à une plus juste appréciation des choses. Pour moi, je pense avec le grand poète Swinburne que « le nom de l'auteur de *Jane Eyre* vivra dans la postérité, et qu'on le lira avec délices et avec respect dans un temps où les faiseuses de roman actuelles, où le souvenir même de leur science à bon marché et de leur art d'âmes vulgaires se seront abîmés dans les ténèbres; dans un temps où Daniel Deronda aura partagé le sort commun à toutes les figures de cire ». Ayant traité ici même ce Deronda de « poupée désagréable », je n'ai pas été fâché, je l'avoue, de voir abonder dans mon sens un critique de cette autorité. Le coup a porté, d'ailleurs, et tout en rendant justice aux réelles qualités de « George Eliot », M. Swinburne l'a descendue définitivement du piédestal disproportionné où des amis trop zélés avaient juché l'austère et assommant romancier de la morale bouddhiste et de l'Impératif catégorique. L'œuvre forte, si vivante et passionnée, pleine de réalité mais aussi d'imagination, de Charlotte Bronte, est en parfait contraste avec l'esthétique vide et froide de l'auteur de *Romola* » (A. Regnard, *ibid.*, lettre VII).

TENNYSON (Alfred). — Maud et Idylls of the King.

SWINBURNE (Algernon). — Poems and Ballads, Songs of two nations et la tragédie d'Erechtheus. — « De beaucoup le plus grand des poètes anglais modernes, malgré l'aimable Tennyson et l'incompréhensible R. Browning. Le plus grand après Shelley, il est athée et révolutionnaire comme lui. Comme lui, il a non seulement le souffle, l'inspiration; il a aussi la forme. Jamais personne n'a mieux su manier la langue anglaise; son vers est aussi harmonieux que celui de Milton. Sur ce point tout le monde a toujours été d'accord. Mais ses *Poems and Ballads* furent accueillis par un tollé d'indignation ; d'abord à cause de l'athéisme non déguisé de plusieurs pièces; puis en raison du morceau à *Anactoria*, paraphrase — presque égale au modèle — de l'ode incomparable de Sapho : φαίνεται μοι κῆνος, etc. Le progrès du temps, l'atténuation tous les jours plus prononcée, en Angleterre, de l'esprit judéo-chrétien ont ramené le public à des sentiments plus dignes. Ajoutez que ce poète est en même temps un prosateur distingué et un critique plein de finesse, qu'il compose des vers grecs d'une facture admirable et que son sonnet en français, à Théophile Gautier, pourrait être signé par n'importe lequel de nos grands poètes du siècle » (A. Regnard, *Ibid.*, lettre V).

FLAUBERT (Gustave). — **Madame Bovary, Salammbô.**

LECONTE DE LISLE. — **Poèmes antiques.** — Un Aryen, qui chante à l'unisson des plus grands, des hymnes aussi magnifiques, aussi rayonnants que ceux des poètes védiques et de Lucrèce. L'auteur de la pièce, d'une harmonie si pure et en même temps si émue, appelée *Clytie*, est pourtant accusé de froideur par les Juifs symboliques, qui ne sauraient trouver « l'expression » ailleurs que dans les contorsions des sales gargouilles des cathédrales et dans les grimaces des tâtonnements préraphaélites.

ROCHEFORT (Henri). — **La Lanterne,** Paris et Bruxelles, 1868. — Dans un temps où les noms mêmes de Courier et de Cormenin se seront effacés de la mémoire des hommes, ces pamphlets demeureront comme le chef-d'œuvre du genre.

LULLI. — **Armide.** Paris, 1686. — La partition, réduite pour piano et chant, se trouve facilement dans la « collection des chefs-d'œuvre de l'opéra français » que l'éditeur Michaelis a eu l'heureuse idée de publier il y a quelques années. La durée du succès d'*Armide* — un siècle entier! — suffit pour prouver que les Français aimaient vraiment la musique, au temps du vrai siècle des lumières, le dix-huitième, et avant que leur goût eût été corrompu par l'invasion des bouffonneries italiennes. Lulli eut le tort d'exclure de la scène tous les musiciens ses contemporains, comme un compositeur moderne, trop célébré, l'a fait pendant vingt ans à l'Opéra, sans avoir, comme lui, l'excuse du génie.

RAMEAU. — **Castor et Pollux,** 1737. — Admirable opéra, plein d'inspirations touchantes, telles qu'on n'en trouve jamais chez les musiciens juifs de tous les temps et rarement chez nos compatriotes actuels; sans parler des délicieux airs de danse, unanimement reconnus comme tels.

GLUCK. — **Iphigénie en Aulide** (1773), **Orphée et Eurydice, Alceste, Armide, Iphigénie en Tauride** (1779). — Gluck (et non pas Glück) fit faire au drame lyrique un grand pas, mais en le maintenant simplement, en somme, dans la ligne où l'avaient placé Péri et Caccini, Lulli et Rameau. On n'a pas assez remarqué que dans son *Armide*, bien supérieure sans doute à celle de Lulli, il n'a pourtant fait, dans les principaux morceaux, que reprendre, en les perfectionnant, le rythme, l'allure et parfois même les « motifs » de son prédécesseur.

GRÉTRY. — **Richard Cœur de Lion**, 1784.

SACCHINI. — **Œdipe à Colone**, 1787.

MOZART. — **Don Juan**, 1787. — Se garder, si l'on ne veut pas éprouver la plus amère déception, de lire à ce propos l'étonnante palinodie de M. Gounod, palinodie renouvelée de Scudo qui, au moins, était convaincu, et que l'auteur de *Polyeucte* n'a su copier qu'en la ridiculisant. Le pavé dont il a voulu assommer Wagner lui est retombé sur le nez. Nous parler à propos du trio des masques — qui se chante sur un air de menuet — de « la plume de Dante » et du « pinceau de Michel-Ange », qui, même, arrivent à peine à la hauteur, c'est se moquer du monde avec un peu trop de sans-gêne. Le *Don Juan* de Mozart est une œuvre de demi-caractère — ce n'est pas moi qui l'ai dit le premier — dans laquelle le charmant compositeur est resté au-dessous de Molière, au moins autant que dans *les Noces de Figaro*, il est demeuré inférieur à Beaumarchais. La scène vraiment admirable et moliéresque est le duo final où don Juan apparaît comme le grand Révolté, comme le Satan de Milton, et mille fois plus intéressant que ce vieil imbécile de Commandeur. Heureux si Mozart n'avait tout gâté en ajoutant une scène de damnés, bien plus digne de Guignol et de Tirso de Molina que de Molière et du drame lyrique.

CIMAROSA. — **Il Matrimonio secreto**, 1792. — Charmante partition du grand musicien qui, suspecté de libéralisme, mourut victime des Bourbons de Naples.

BEETHOVEN. — **Fidelio**, 1805. — Sous le titre de *Léonore*. Voy. l'appréciation de Beethoven, au mois de germinal.

SPONTINI. — **La Vestale**, 1807.

MÉHUL. — **Joseph**, 1807. — « Je me sentis aussi, pendant un certain temps, ravi dans un monde supérieur en faisant étudier à une petite compagnie d'opéra le magnifique opéra de *Joseph,* de Méhul » (Richard Wagner).

NICOLO. — **Joconde**, 1814. — Partition charmante et où il y a plus de sentiment que dans tout Grétry et dans tout Boieldieu.

BOIELDIEU. — **La Dame Blanche**, 1825. — « Plus d'esprit que de musique, » comme dans *Richard Cœur de Lion*. Mais je ferais trop de peine à trop de braves gens, si j'omettais ici cette partition.

ROSSINI. — **Le Barbier de Séville**, 1816, et **Guillaume Tell**, 1829. — Rossini a engendré Auber, qui a engendré Adolphe Adam, qui a engendré Clapisson, qui a enfanté *la Fanchonnette* et autres platitudes; d'où la corruption du goût musical en France. Les connaisseurs affirment volontiers que les Français n'aiment pas la musique, et, pour ce qui regarde le moment présent, ils ont raison. Mais le grand, l'incontestable succès, chez nous, des Lulli et des Gluck nous garantit que le goût reviendra et que, dans une quarantaine d'années d'ici, les fils des nombreuses personnes qui applaudissent, par mode, la bonne musique, finiront par la comprendre. Cela dit, il faut bien reconnaître que l'auteur du *Barbier* et de *Guillaume Tell* a fait réaliser quelques progrès à l'opéra; qu'il est, dans tous les cas, comme esprit et comme aspiration, à mille pieds au-dessus des Meyerbeer et des Halévy, et de tous les musiciens juifs passés et présents.

WEBER. — **Der Freischütz**, 1819; **Euryanthe, Oberon**, 1826. — Trois chefs-d'œuvre.

BERLIOZ (Hector). — **La Damnation de Faust**, 1846. — De beaucoup la meilleure inspiration de ce maître encombrant, aussi vantard que Cicéron, grand symphoniste, mais court d'haleine et qui, je suis fâché de le dire, n'a nullement rendu le Faust de Gœthe, ni même celui de Marlowe, mais bien le « docteur Faustus » de la foire, enlevé par le diable ou le commissaire. Cela soit dit sans contester les grandes qualités de l'œuvre, qui sont d'ordre purement musical, mais non dramatique. Il y a de grandes beautés aussi dans *les Troyens*, mais du même genre, le livret des *Troyens à Carthage* n'étant d'ailleurs, à peu de chose près, qu'une reproduction de celu i de la *Didon*, de Piccini. De plus, ce n'est pas en 1860 qu'il fallait écrire un pastiche, quoique remarquable, des œuvres de Gluck. Enfin, si Berlioz avait compris quelque chose à Shakespeare, i n'aurait pas tiré de la délicieuse pièce : *Much ado about nothing*, l'assommante platitude intitulée : *Bénédict et Béatrice;* cela soit dit — toujours — sans diminuer la valeur du charmant duo et des autres olies choses de la partition.

WAGNER (Richard). — **Lohengrin**, 1850; **Tristan und Isolde**, 1865; **Die Meistersinger von Nürnberg**, 1868; **Der Ring des Nibelungen**, **1876 (Das Rheingold, Die Walküre, Siegfried, Die Götterdämmerung)**; **Parsifal**, 1882. — Toutes ces partitions doivent être chantées, autant que possible, sur les paroles originales. Faute de savoir l'allemand on sera heureux de trouver les excellentes traductions du regretté Victor Wilder. — Voy. l'appréciation du Maître incomparable au mois de prairial.

BIZET. — **Carmen**, 1875.

REYER. — **Sigurd**, 1882.

LALO. — **Le Roi d'Ys**, 1887.

TABLE

PARIS — LIBRAIRIES-IMPRIMERIES RÉUNIES

2, rue Mignon.